生きる力をはぐくむ

保健の授業とからだの学習

健康教育・性教育・総合学習づくりの発想

数見隆生 著

農文協

まえがき

本書は、全国養護教諭サークル協議会からの執筆のすすめを受け、思案の結果実現した著作である。当初は、要望に応え得るほどの内実ある著作が書けるかどうか、多忙さのなかで短期間で書くことが可能かどうか、不安があった。しかし、不十分ではあっても、今自分の考えを提起することの意義への思いのほうが強く、書くことを決意した次第である。「意義への思い」とは、主には次の三点にあった。

一つは、今、健康教育がきわめて重要な時代になっている、という点である。医療関係者が「依らしむべし、知らしむべからず」を主張していた時代から「自らの健康は自ら守る」といったキャンペーンがはられる時代になった。テレビ等では、毎日のように工夫された健康番組が放映され、意識の高揚が図られている。ところが、そうした社会的期待に反し、学校での健康教育はなかなか質量ともに伸展がみられない。それどころか、青少年の心身の健康現実は、いっそう多様さと深刻さを増して広がっている。生命にかかわる事件の頻発、心のストレスに苦しむ青少年の増大、薬物乱用や喫煙・飲酒・性の問題等の生き方にかかわって揺れ動く問題行動、若者らしくない日々の生活での生活習慣病予備軍の増大、等々、今、本当に心配な状況が広がっている。これらの課題の多くは、生き方と深くかかわった問題であるとともに、現代という社会的状況のなかで出てきている問題である。その意味でも、そうした不健康現象に網を打つような対処的健康教育でなく、いのちや健康を大事にする人間、そういう社会や世界と向き合える人間の育成をめざす（教育としての）健康教育でなければならないだろう。現実の問題状況が厳しければ厳しいほど、単なる対処や即効性を意識する指導ではなく、いのち・からだ・健康の基本を学ばせ、人間の「生きる力」を励ます教育本来の仕事でなければと思う。ここではそういう健康教育の考え方やあり方を少しでも提案できればと思う。

二つは、今学校での健康教育のねらいや内容・方法、そして扱う場や担当者がきわめて多様化してきているが、その点をどう考え、どう実践していくべきかについて私見を示したい、と思ったことである。教科としての保健学習は、小学校の三年生から位置づくことになった。特別活動枠での保健指導、新設された「総合的な学習の時間」での健康や性の学習、養護教諭による保健室での集団学習、等々、健康教育の場や機会は多様に広がった。養護教諭が教科の保健学習を担当することも可能になった。このように可能性は広がったけれども、本筋は何なのかが見えなくなってきている。このあたりを整理し、誰がどこでどのように力を発揮すればいいのか、むずかしい課題であるが、私がこれまで現場の先生方から学び、一緒に実践研究してきた事実にもとづいて考察し、意見を述べたいと思う。

三つめに意識したことは、現場実践者との共同・協働を大事にし、その共同研究、協働実践から学んだことからいえる原則的なことを少しでも整理し、提案したい、ということである。欧米の主張を取り入れたり、研究者の思索を提起したりすることも有効な場合はあろうが、真に有効なのは教育作用である以上、授業実践の事実に照らし、子どもの事実に照らした主張であるべきであろう。ここではその点を大事にし、少しでも意味ある教材づくりや授業づくりのポイントを指し示すことができれば、と思う。

平成十三年七月

数見隆生

目次

序章

二十一世紀にむけての保健の授業像

1．保健の授業をめぐる今日的状況と課題

（1）今日の健康教育をめぐる状況

一九九七年に出された保健体育審議会の答申では、今後学校だけではない地域社会をも含めた健康教育の重要性が説かれている。その冒頭では「ヘルスプロモーションの理念にもとづく健康の保持増進」としてWHOの考えを紹介し、ライフスタイルの確立と適切な行動・実践力の育成の意義を強調している。そうした考えにもとづき、新学習指導要領では、生活習慣病、喫煙・飲酒・薬物乱用の害、ストレスへの対処、等が主要教材とされている。指導のあり方にも、ライフスキル教育とかロールプレイング、ブレインストーミングといった欧米式の教育方法が紹介されるようになった。

たしかに、先進諸国では、慢性型の成人疾患、つまりガン、心臓病、脳血管疾患、糖尿病等が増加し、死因の大部分を占めるに至っている。その背景には、食生活の問題や運動不足、睡眠等の生活リズムの失調、そして喫煙・飲酒等があるだろう。個々人の不注意や意識の問題も大きいが、生活リズムの失調やストレス、運動不足等の背景には、個人的な意識だけではなかなか改善しがたい現代社会の特徴もある。また、さまざまな環境汚染や化学物質等による複合的な健康障害が生じているのも、

今日社会の特徴である。

こうした問題は、すでに子どもの時期から徐々にその影響をこうむっており、早い時期から認識させていくことが必要であろう。しかし、その場合、今日の健康問題をすべて個々人の節制や生活改善の問題として狭く位置づけ、健康の問題をすべて個人責任の問題に帰すような行動変容主義の保健教育に陥らないような考慮も必要であろう。

ここでは、これからの社会にむけて、人間の健康というもの、健康問題というものを、どのようにとらえ、どのような健康教育、保健教育をめざすのか、検討してみたい。

(2) 世界の健康観転換の動向が意味しているもの

WHOの健康の定義(一九四六年)、「健康とは、身体的、精神的、社会的に良好な状態であり、疾病がないということだけではない」という文言はよく知られている。近年、高齢社会への進展もあり、さまざまな心の問題や生き方の質(QOL)が問われるような状況にある。mental(精神的)とは別にspiritualの概念が新たに導入されるとともに、dynamic(動的)な状態であるという追加修正がなされた(一九九九年)。ともあれ、これまでは健康は一定の正常な状態(states)を指す概念であったが、人間として生きている充実感や質が問われる時代状況のなかで、上記のような定義の見直しだけではなくて、健康の質的概念としてウェルネス(wellness)が使われ、それをめざすウェルネス運動が展開されたり、健康の積極的促進運動としてのヘルスプロモーションの動きが急速に展開されたりしてきている。

WHOのオタワ憲章（一九八六年）では、「ヘルスプロモーションとは、人々が自らの健康をコントロールし、改善できるようにするプロセスである。身体的・精神的・社会的良好な状態に到達するためには、個人や集団が望みを確認・実現し、ニーズを満たし、環境を改善し、環境に対処できなければならない。それゆえ健康は、それ自体生きる目的ではなく、毎日の生活の資源である。健康は身体的な能力であると同時に、社会的・個人的資源であることを強調する積極的な概念なのである」と論じている。つまり、健康は人生を豊かに生きるための資源であり、その資源たる健康を保ち向上させるのは能力であるが、単なる個人的な努力や責任に帰す問題というよりは、集団的・社会的問題でもあり、社会的システムや環境改善がともなう問題でもある、と明言しているのである。

ところが、先述の保健体育審議会の答申にあったように、日本の健康教育の課題として取り込まれると個人的な努力でなしうる課題に限定され、個人的な行動変容に主眼をおいた主張となってしまっている。ヘルスプロモーション運動とは、もっと広い視野からの包括的な方向性をもつ取り組みであり、意識の変革なのだということである。

欧米の先進国でも、一方では self-care, self-control, self-help, self-support といったことばが多用されている状況もあり、個人的努力に追い込まれている雰囲気がかなりある。しかし、他方では、self-help groupといった集団による共生的取り組みやself-support systemという組織の充実、healthy communityまたはcitiesを追求する行政がらみの運動、そうした組織や行政をも動かしていくhealth empowermentの意識動向も出てきている。われわれは、後者の動きを世界の歴史的進展方向として的確にとらえ、日本のなかにもその大きいうねりを導き出さなければならない。

(3) 世界の健康観転換の背景と健康教育の重視

こうした世界の健康観や健康教育が動いてきている背景には、先進諸国型の健康問題や人口構造の変化といった次のような情勢の変化が生じてきているということがある。

一つは、国民の主要な健康問題が、感染症を中心とする急性疾患からライフスタイルの歪みが要因している慢性疾患に変化してきたことがあげられる。つまり、セルフコントロールや環境改善の努力(能力)によって、あるていど健康を確保しうる課題に変わったことである。

二つは、精神的・心理的な要因とかかわった健康問題が増加してきたことがあげられよう。それは加齢や高齢化ともかかわっているが、さまざまなストレスによる心身への影響や生きがいの問題など、生活の質の充実が健康状態に大きくかかわってきている状況があるからであろう。

三つには、人々の経済水準や教育水準が上昇し、健康に生きる質の向上のための主体的な努力と環境改善に対する意識や認識が高まってきたことがあげられよう。

四つには、女性、高齢者、障害者、病者、一般消費者、等々、比較的社会的に弱者とみられてきた人たちの権利意識が高まり、健康で幸せに生きることの追求とその条件を要求する意識が高まったことがあげられる。

五つには、少子化・高齢化の社会の広がりのなかで、医療費を消費する人口の増加と労働力人口の減少により、経済的側面からの健康の自立化（自律化）の要請と、それを促進する政策的動向が各国ともに求められる状況が出てきたことも大きな要因であろう。

こうした状況の変化とかかわって、医療者主体の健康対策や健康指導から、生活者（国民）主体の健康維持や健康学習へと大きく変わってきたといえよう。日本の実状でいえば、「依らしむべし、知らしむべからず」といっていた医療者中心主義の状況から、今日ではテレビ等のマスコミでも一般市民向けにさかんに健康情報が流され、病院でもインフォームド・コンセントやインフォームド・チョイスの状況に流れが大きく変わってきている。こうした状況のなかで、学校においても健康に関する学びが期待されてきているのである。

とくに、わが国では急速な高齢社会が到来し、医療費の高騰に対する削減策の必要もあって、「自分の健康は自分で守ろう」「二次予防より一次予防こそが重要」といったかけ声のもと、厚生省主導のライフスタイル・チェンジを軸とする「国民健康づくり運動」「健康２１・日本」が追求されている。その動向が学校健康教育にも影響を与え、日常生活の行動変容やストレスへの対処等を中心とした個人衛生的内容のものになってきているのである。

(4) 公衆衛生発想の健康教育と教育としての保健教育

世界の健康対策と健康教育の状況は、前記のような流れにあると考えられる。とりわけアメリカのパブリックヘルスに基礎を置いた健康教育の考え方が、わが国に導入される動きが強まっているように思われる。そして、その考え方が学校における保健教育の内容や方法にも影響を及ぼしてきている。それは健康対策としては積極的な側面もあるが、学校教育に導入されようとする場合に、教育としての論理性の欠落ないしは無考慮なものになっており、教育とか授業としてそれでいいのか、と感じる面が強い。

つまり、健康対策としての実効性・即効性の面が強く、内容・方法の両面にその問題点が反映されることになる。公衆衛生対策としては、健康な状況、すなわち病者を減らし、健康を生み出す行動や意識への啓蒙がねらいであり、いわば「結果オーライ」の観点となる(行動変容すれば、そのプロセスは問わない)。ところが、教育としての保健教育、あるいは保健の授業としてのあり方というのは、いのちや健康の大事さがわかり、自らそれを実現しようとする意識や認識を育てること、つまりしっかりとした思考をくぐらせることをとおして、自ら「健康に生きる力(能力)」を培い、そういう主体としての人間を育てることにあるといえる。公衆衛生的発想のように健康そのものや保健行動が直接的なねらいなのではなくて、人間を育てることをとおして結果として主体的な保健行動や健康づくりに向かうことを期待するのである。その点に違いがある。

もう少し具体的にその違いをみてみると、一方は保健行動をうながすことが主要なねらいになるため、行動科学的な視点からの内容（生活習慣病にからむ食・動・眠等の生活や、喫煙・飲酒・薬物乱用、等）が重視されることになる。よって指導法としてもライフスキルやロールプレイング、といった行動をうながすための工夫が強調され、知識だけではだめだというように、知識との切り離しおよび知識の軽視傾向がうかがえる。それに対して、教育の仕事、授業の本質ということを意識した保健教育としては、子どもの健康を規定している生活や意識を推し量り、それを科学的認識でもってゆさぶり、じっくり思考させる過程をへて、健康を実現するのに必要な意思や意欲を育てることにある。行動そのものはただちに変容する場合もあるし、数日後、数年後かもしれない。その前提になる認識そのものと行動は、意志・意欲を介してつながっているという立場をとる。行動変容は、期待はするがそれ自体が直接的目的ではない。

教育の論理とは「人間の形成」であり、教科学習（授業）の基本・独自性とは「納得のある認識（わかる）」であり、個々の教科（専門性）の立場からの迫り方を通じて人間らしい主体的な生き方を導いていくものだと考える。

2．二十一世紀に求められる新たな「健康知」の模索

二十一世紀が始まったが、二十一世紀を生きる子どもたちにどういう生き方を期待し、そうした生きる力をたくわえさせるためにどんな「学校知」こそが求められるのか。今回の学習指導要領は、それにこたえているだろうか。大人や教師はそれを準備しているだろうか。保健教育の立場からもそれにこたえる内実がそなえられているのだろうか。四年前（一九九七年）に保健体育審議会の答申が出され、今後（中長期も含めた）の健康教育のあり方、方向性について提案しており、新学習指導要領にも基本的な考え方や内容が反映されているが、こうした理念・施策でいいのかどうか、その点も含め、ここで私なりの検討をしてみたい。

（1）二十一世紀における価値意識の転換と生き方の再構築

二十世紀という世紀は、日本の場合でいうと、開国から富国強兵の近代国家へと「豊かな生活」を求め、がむしゃらに邁進してきた時代だった、といえるだろう。とりわけ前半世紀は、それが国家エゴむきだしに追求され、「覇権」の思想と結びついて海外市場獲得のための侵略戦争を繰り返し、他国と自国の尊い人命を多数犠牲にするというあやまちを繰り返した時代であった。後半世紀は、戦禍

からの復興を経て、いっそうの経済開発に拍車をかけ、邁進した時代であった。物質文明は急速な発展をとげ、生活は豊かになり、平均寿命もいちじるしく延びた。しかし反面、公害・環境問題の多発、ガン・血管障害（心筋梗塞・脳卒中）・糖尿病のような成人病（生活習慣病）の急増、ストレスによる精神障害、過労死、職業病、交通事故、等々、かつてなかったような問題が浮上した。

世界的な視野でみると、開発途上国では経済的貧困で困窮しており、そのうえに新たなエイズのような病気の蔓延とその他の感染症で苦悩している状況があり、経済格差はきわめて大きくなっている。こうした国に対する一定の豊かさを保証するさまざまな援助や病気に対する支援は必要であるが、これまでのエゴ的「豊かさ」追求の過程におけるあやまちや弊害を反省する価値意識の転換がどうしても必要であろう。今なお存続する戦争・防衛を理由にした軍拡志向、防衛構想や訓練、そして核開発や実験、こうした愚かさに気づく世界の人々は確実に増えていると思われる。今まさに生命の尊厳や地球環境の保全について、人類の未来と将来を担う子どもらのために、いっそう声を大にして呼びかけなければならない。また、「豊かになる」ことのみに邁進した「乱開発」は、地域的な「公害」をこえて、地球規模での環境汚染（破壊）にまで拡散した。近年ようやく「地球にやさしい」生産や生活が意識されるようになったが、こうした変化は人類の未来とか、生命・健康がかけがえのないものとして認識されてきたことによるものといえる。しかしながら、地球温暖化の問題などをみても、今なお経済優先を主張する大国もあり、必ずしも足並みはそろっていない。

こうした状況を知るにつけ、二十一世紀の健康問題を考えるとき、個人衛生的な意識だけで対応しようとする保健教育、個人的な行動変容のみを意識する指導のあり方でいいのか、という疑念が湧いてくる。もっと視野を広くし、歴史的な展望を意識し、いのちとか環境とかを見据え、それが社会や政治の問題、人間の生き方そのものとも深くかかわっているという感覚でとらえていく必要があるのではなかろうか。

二十一世紀は、人間のいのちや健康の立場から、これまでの文化・環境・生活・生き方を吟味する時代になるだろう。いや、そういう時代にしなければならない。軍事目的の核やミサイルといった人類を滅ぼす兵器の見直しはもちろんのこと、環境を無視した経済目的の乱開発・乱生産の見直しも進むだろう。そうした大きな国際的・社会的問題だけでなく、われわれの日常生活のあり方も見直さなければならない。自分の心身や生活、生き方、身のまわりの人間関係や文化、そして子育てのあり方、といったものまで含まれよう。

たとえば、睡眠である。今、中・高校生だけでなく、小学生でも「今、もっともしたいことはなんですか」と聞くと、一番にあがるのが「寝たい」ということである。受験を控えた学年になると睡眠を削り、運動や遊びを極力制限せざるをえない状況が蔓延している。青白い顔をして朝からあくびをしている学童がいかに多いことか。子どもばかりではない。朝の通勤バスや電車の中では、先ほどまで家で寝ていたはずのサラリーマンたちのほとんどが、再び眠りについている。

半健康人間の蔓延、過労死の多発などは、睡眠不足と生活リズムの失調、ストレスと運動不足等が複合的に影響している現象であろう。二四時間営業のコンビニエンスストアのすさまじい乱立は、いかに夜型人間が多いかの証明であろう。まだ人工照明が普及して八〇余年、テレビが普及して四〇余年である。この太陽系のリズムをわずか一世紀にも満たない間に大きく狂わせ、そのことがからだに緩慢な異変をもたらしている。しかし、それに気づかないどころか、むしろコンビニエンスストアの普及や夜勤の労働、夜になんらかの生活をしていることを「豊かな文明、進歩の賜物」と受け取る風潮さえあるのではないか。

(2) 子どもの「生きる力」と背後にある健康問題

民間の教育研究の分野では、かなり以前から「生きる力」の育成をうたってきたが、文部省でも近年になって学習指導要領で「生きる力」を打ち出してきた。そうした「生きる力」を掲げるようになった背景には、学ぶ子どもたちの生きる力が弱まってきているという認識と、生きることが困難な社会や環境が多くなってきているという問題の、両面があるといえよう。

健康教育の面から、その両面をみると、どういう問題があるであろうか。子どもの側の生きる力とかかわって問題にされていることは多様にある。この間、大きく注目視されてきたのは、心の問題である。いじめや不登校、閉じこもり、荒れ、暴力といった問題から、さまざまな心身症を示す子どもたち、拒食症であったり緘黙症であったり、人間関係がまったく取れない子であったりと、多様である。子どもたちは「育ちの環境」の歪みのなかで生きる力を育てられないでいる。

心の問題ばかりではない。からだにもさまざまな気になる「育ちそびれ＝生きる力の欠如」がもたらされている。生まれたときから多様なアレルギー症状を背負い、学童期を過ぎてもなかなか解消されない過敏なからだになっている。なんらかのアレルギーを抱える小・中学生は半数近くにもおよぶという報告もある。肥満ややせの子も増え、格差が広がっているという報告もある。懸垂ができない、肩車をして立ち上がれない男子学生が三分の一もいるのが私の大学の実態である。体力も確実に落ちてきている。学力低下が大きく問題視されるが、こちらのほうがもっと気になる問題である。

そうした問題と同時に、さらに気になるのが意識と行動面の「生きる力」にかかわる問題である。喫煙や飲酒、そしてドラッグの若年化、援助交際等の性の問題、身体の「モノ化＝加工」（髪の染・脱色、ダイエット、エステ、ピアス、等々）の広がり、また山姥化粧やルーズソックス、ポケベルに携帯電話といったものまで含め、今日の若者の生きる力の状況とかかわってどのようにみるかということが問われている。身体の視点でみると、「荒れ、反乱する身体」から「閉じこもり、沈黙する身体」に、そしてときにキレて大変な事件を誘発するか自殺に向かう、そんな問題状況まで出てきている。

社会的な背景をみると、科学技術の進歩による一定の物質的な豊かさがもたらされ、不衛生環境の改善や食糧事情の好転等による感染症の減少がもたらされた反面、運動不足や過食、睡眠不足や生活リズムの失調、ストレス、それに飲酒や喫煙等のからむ生活がもたらされると、生活習慣病が必然的に生じる時代になった。長生きのできる時代になったことはメリットではあるが、高齢化が急激に進み、高齢社会に対応する医療や福祉的条件は十分に整えられていない。高齢社会を支える家族や若者の意識の転換も、必ずしも十分でない。

また、高度化と情報化の急激に進む労働の環境や条件、企業競争とリストラの進む職場環境のなかでストレスをまともに受けながら働く人々の心身の健康問題も深刻である。さらに、今日的な環境問題も深刻である。食品は多様で豊富にあるが、農薬や添加物まみれである。家のなかやまわりにはさまざまな化学物質が満ちている。地域にもさまざまな環境汚染問題がある。子どもたちにとっては、先に示した「生きる力」の歪みの背後にある環境、すなわち子育て環境であり受験を中心とする教育環境こそ、まさに「子ども期の喪失」環境として大きな問題となっている。

(3) 二十一世紀に求められる「新たな知」と学校健康教育への期待

先述した保健体育審議会の答申には、「ヘルスプロモーションの理念にもとづく健康の保持増進」の項があり、そのなかに「国民の健康を取り巻く社会状況」と「二十一世紀にむけた健康のあり方」が述べられている。前者では、社会面としては、「長寿・少子化、高齢社会への突入と、技術の高度化・情報化の進展が恩恵を与えている反面、人間関係の希薄化、ストレス、運動不足、新たな職業病をもたらしている」と指摘し、学校面としては、「体位の向上と体力の低下、薬物乱用、援助交際、生活習慣病兆候、感染症、いじめ、登校拒否、心身問題」といった現象が並べられ、大変な問題だとされている。また後者では、『国民の健康をめぐって今日指摘されている様々な問題は、経済や科学技術等の発展に伴う社会の変化によって生じたものであり、これらの変化は今後も基本的に変わらないと予想される以上、その克服のためには、国民一人一人が、これらの心身の健康問題を意識し、生涯にわたって主体的に健康の保持増進を図っていくことが不可欠である」と述べている。

このような国の健康教育施策となる提起の基本的考えは、適応主義の立場に立っているといえるだろう。すなわち、今日、さまざまに生じている不健康問題や子どもに生じている心身上の問題は、科学技術の進歩がもたらした豊かさの副産物であり、副作用なのだ、という考えが基本になっているということである。わが国の経済的発展は国民にとってすばらしい豊かさをもたらした。その結果による多少の副作用はやむをえない問題であり、またこうした「変化は今後も変わらない」もの、つまりやむをえない問題として位置づけている。よって、その対応策としては、「個々人の健康になろうとする努力」「たくましき生きる力」「基本的生活習慣の確立」「新たなライフスタイルの構築」「ストレスへの対処法」「健康への行動変容能力」といったことが指摘されることになる。二十一世紀を論じながら、ほとんどが個人的な対処や適応策に期待する指摘をしているにすぎないのである。

二十世紀を反省し、人間はどういう豊かさを求め、どういう生き方を追求するのか、そのための科学技術の転換の指針や文明の新たな構築、どういう国際関係や地球環境を再創造していくのかといった展望や方向性はほとんど論じられていないのである。社会の健康問題も子どもの生き方にかかわる問題もほとんどが現象だけの記述であり、なぜそういう問題が生じてきたのか、背景の分析や問題点の指摘がないため、何をどうしていく必要があるのかの課題や展望がまったく見えないのである。子どもたちに広がっているさまざまな心身症的不定愁訴、生活リズムの失調による慢性的疲労、さまざまなアレルギー疾患、等々については、その事実にさえ触れられていない。経済至上主義の社会のあり方や価値観から「いのちを生かす（活かす）文化・社会」を再構築する価値意識とそのための「勇気ある知性」を健康教育の立場からも求めていかねばならないのではなかろうか。狭い範囲の、今ある社会に適応するためだけの個人主義的な健康教育論＝個人的健康行動変容主義からの脱却こそが求められているのではないか。

このように考えるとき、二十一世紀に求められる健康教育の「新たな知」とは、なんであろうか。基本的には現代社会に突きつけられてきている多様な健康問題の事実をきちっと把握し、その要因や背景をしっかり思考し、予防や改善への志向と展望をもてる本質的な認識を確実に得させることであろう。そして、そうした追究の過程でいのちや健康への価値、身体への慈しみ、みんなで共生しうる（守りあい育てあえる）関係性の意識をこそ育てることではなかろうか。健康確保の行動変容やスキルを否定するものではないが、今日出てきている健康問題の特質を考えると、そうした狭い意味での単なる技術論に陥るべきではないであろう。その意味では、この保健体育審議会の答申とそれを受けた改定学習指導要領、そしてそれにもとづく保健教科書の内容は、十分な吟味を要するし、それを批判的に乗りこえる視点をもつことが重要といえよう。まとめとして要約すれば、単純に健康行動パターンを実行させる処方論に傾くのではなく、二十一世紀に生きる確かな国民的教養を得させるための、懸命な思考と意志の基礎を健康教育の立場から育てることだと考えるのである。

3. わが国の保健教育のあゆみと保健の授業がめざすもの

(1) わが国の保健教育のあゆみと課題

わが国の保健教育が教科の一つとして本格的に始まるのは、アメリカの影響を受けた戦後のことである。戦前にも、養生法の訓話や修身での衛生道徳、体錬科での衛生訓練、習慣形成などは学校でなされていた。しかし、それは認識や納得とはほど遠いしつけや説教、心構えの教育であり、乾布摩擦などの鍛錬であった。わが国の保健教育前史の「伝統」にはそういう特徴があった。戦後のアメリカ教育使節団の影響で始まった保健教育も、アメリカのプラグマティズム（実用主義）の影響を受けたもので、生活経験主義の教育であり、「健康の生活化」を図ることを目的としており、「知識があっても行動しなければ意味がない」と知識と行動を切り離し、知識の教授をかるくみる風潮があった。

それからしばらくして、米ソの科学競争を背景として、こうした経験主義の教育が批判され、科学教育の重要性が主張されてくるなか、知識とその系統的教授が重要視されてくることになる。学習指導要領でいうと昭和三十三（一九五八）年からであり、保健の内容もそれまでの健康生活のあり方中心のものから基礎医学知識（生理・解剖学、衛生・公衆衛生学、栄養学、病理学、等のごく初歩の知識）を並べた内容に大きく変わったのである。「医学知識の簡易版」を知的伝達し、アチーブメントテストで形式的な豆知識の記憶を点数評価するあり方にも批判が上がった。やはり知識ではだめだ、生活化・行動化しなければ保健の意義はない、という意見がそういう状況のなかで根強く残ることになる。つまり行動か知識か、というその両者を天秤にかける考え方があちこちでなされるようになる。

高度経済成長時代にはいり公害問題が吹き出て、成人病（生活習慣病）や職業病が問題となるなか、個人衛生的な清潔、手洗い、歯磨きのたぐいの習慣形成的課題をこえた健康問題が多様に出始めることになる。なぜそうした時代を反映する疾病や健康問題が出てくるのか、その解決のために何が必要なのか、そうした問題解決のために科学的認識を身につけることが不可欠な時代になってきたのである。学校保健の研究者、小倉学氏は、そうした時代状況のなかで保健の科学的認識を身につけさせるための研究（教育内容とその構成原理）を模索した。環境問題や社会科学的な追究の必要な健康問題が噴出し、顕在化している間は保健の科学的な認識を身につけさせることが大きな課題になっていたが、成人病を生活習慣病とし、生活行動をいかに健康的なものに変えるかという個々人の行動変容課題を焦眉の課題に位置づける風潮が強まると、改めて行動変容主義の健康教育論へと視点が動いてきたのである。

このように行動変容と知識・認識形成が、歴史的なあゆみの過程で、あたかもシーソーのごとく繰り返し揺れてきたといえる。とはいえ、今日でも保健は生活課題教科というおさえ方から、行動に導かなければ意味がないとする「生活化・行動化」論が根強くあるが、そう考えることの弊害および両者を切り離し天秤にかけるようなかたちで、どちらか一方を強調することの問題性については、「保健の学力」論のところでさらに考察してみたい。ここでは「両者は一連のものとして解釈すべきだ」ということを指摘するにとどめたい。

保健の授業にかかわらず、わが国の教科の指導は教授と学習のどちらかが強調される動きも繰り返してきた。戦前はもちろん「教授」という教師主導で子どもがまったく受け身にたたされる指導がなされた。暗記や注入、教化の教育であった。その反省から戦後、児童中心主義の「学習」の語が使われるようになり、子ども自身が生活を経験しながら生きる力を身につけていく経験主義の教育が尊重された。そうした「新教育」の時代をへて、系統主義と科学的知識の教育の必要が主張されるなか、改めて教師の能力と指導性が問われ、教授学の重要性が叫ばれた。ときあたかも受験中心の教育が避けられない時代状況とも重なり、生徒は記憶を中心とする受け身の立場にたたされた。

こういう反省があって、現行の指導要領が始まったころから、「知識・理解」より「関心・意欲・態度」を重視する「新学力観」が主張された。「受験知」ではなく「生きる力」が大事だとされ、教師の仕事は教授や指導ではなく「支援」だと考えられ、学ぶ力を育てる課題学習・体験学習の重要性が打ち出されることになる。生徒中心主義の時代の再来である。こうした教授と学習の教育過程論も、あゆみとともにシーソーを繰り返しているのである。これについても両者を切り離した発想をするのではなく、生徒が深い学びの主体になれるためにこそ教師の役割、教授能力が問われるのであり、その両者の関係性こそが問題にされなければならないのである。この点についても、のちに改めて検討してみたい。

(2) 最近のわが国の保健教育をめぐる状況と保健の授業がめざすもの

近年、保健の授業をめぐるあり方がずいぶんと多様化してきているように思われる。その一つは、それを扱う場や内容に関する状況である。従来の中・高校での保健学習、小学校体育での三・四年生にまで広がった扱い、学級指導における保健指導、総合学習での健康や性の扱い、その他安全指導や給食指導まで含めた広がりであり、それらを総称して学校健康教育と包括的に呼称する動きもある。二つには、それらを担当する指導者側の広がりである。小学校の中学年以上に保健学習が位置づき、性の内容もはいってくるなか、小学校教師には必ず保健学習の担当を意識せざるをえない状況がある。そして養護教諭も健康関連の授業を担当することが可能になり、担当者の層が広がりをもつこととなった。三つには、そうした保健学習の指導方法にも、ねらいの多様化とかかわってさまざまな主張や試みが出てきていることである。楽しさや認識形成を意図する「授業書による保健の授業」の取り組み、子どもの行動変容を意図するライフスキルの授業、等々多様な広がりがみられる。

このような実践的な取り組みが多様になされ、事実にもとづいてすぐれた健康教育が生み出されることはよいことだが、ここでおさえなければならないことは「授業とは何か」「何をねらい、何を育てるのか」という観点である。それは教科指導の独自性ということでもある。個別的な保健指導とか比較的短時間での保健指導とは異なる特性がある。つまり、教科指導と教科外（生活）指導の違いは、一方は科学や文化・芸術等の専門的内容をいかにわかりやすく理解させるかということが主目的であり、人間として生きていく教養を身につけさせ、一生涯人間として豊かに生きるための知性を培うことなのに対して、保健指導は今当面する具体的健康課題に対して対応する実践的力量を身につけさせることである。どちらも「わかることを一定ていど踏まえて生活に生かす力を養う」ことでは共通することであるが、相対的には前者はわかることにウエイトがあり、一生涯というロングレンジな目標であるのに対して、後者は実践力にウエイトがありショートレンジな目標だということができよう。
とりわけ、教科としての保健学習は一定の時間枠があり、教科書もあるわけで、計画的に授業を仕組むことができる点では安定した取り組みが可能である。授業を通して健康の大事さやそれを守り育てる能力を、しっかり考えさせ、納得してわかるという過程を踏まえて培いたいものである。

保健という教科のおさえ方とかかわって、その授業観にも多様性がみられることはいたしかたないことである。保健という教科の歴史を振り返っても、大きな変化があったし、今も研究者によって、また実践家によっても、かなりの違いがあるところである。ただ、これから追究すべき望ましい保健の授業のイメージとしては、考える授業、わかる授業、納得のある授業、生活に生きる授業、などである。こういう授業像をイメージするとき、教師と生徒（たち）、指導者と学習者（たち）が、双方の異なる立場を自覚し、互いにその主体者になりきることによって、充実した成果を授業というかたちのなかで創出し、つくりあげることだといえるだろう。

4. 保健の授業で「生きる力」「自ら学ぶ力」を育てるということ

前述したが、文部省が「生きる力」を教育目標として打ち出すかなり以前から、民間教育の研究会ではそのことを主張してきたし、実践的な追究をしてきていた。たとえば教育科学研究会では、一九七〇年前後に「わかることを生きる力に」の目標を掲げ、受験的な学力の形成でなく「わかる」ことが「生きる力」に結びつくような学力形成をめざしたのだった。そうした考え方に共感した私は、そのころから保健でも「健康に生きる力」を育てる教育をめざすべきことを主張し、仙台の現場教師たちと実践をしてきた。三浦良喜さんとの「鼻の授業」は一九七二年であり、千葉保夫さんとの「ウンコの授業」は七五年であった。いずれも子どもの健康現実に対応して仕組んだ教材であり、子どもの健康に生きる力を育てたいと願ったものである。それらの発想は、しっかり「わかる」ことを踏まえ、納得をくぐらせることを通じて自らの生活や生き方に反映させることを願っていた。即効的な行動主義や生活化論ではなかった。

これらの指導の内容については、のちに紹介・検討するが、こうしたころからの一連の実践を踏まえた論は、雑誌「保健室」の№5（一九八六／六）に「健康に生きる力を育てる保健指導のあり方を考える」として考えをまとめている。この点については、今日的な段階で再度検討してみたいと思う。

（1）健康に「生きる力」、健康について「自ら学ぶ力」を求めている社会的現実

先にも若干触れたが、日本では長らく感染症や急性疾患が多かったことや医療関係者の特権意識が強かったせいもあって、「依らしむべし、知らしむべからず」の考え方が根強かった。「生兵法はケガのもと」というわけである。病気や調子が悪くなれば病院に来なさい、素人は自分で健康判断をしてはいけない、一般市民は医者からいわれた処方箋を守っていればいい、とされてきた。

ところが、近年になって慢性疾患が多くなり、日常の生活の仕方や身のまわりの生活・環境改善について主体的な努力をすることにより健康を維持できる健康問題に変わってきたこと、高齢社会を迎え医療費の高騰も進んでくるなか、社会政策的にも自助努力をうながす雰囲気が進行してきたことがあげられよう。また、テレビや雑誌等における健康情報が商品価値をもちうる長命社会の到来、経済水準・教育水準の高揚、患者・市民の知る権利・学ぶ権利の意識の向上、などが背景にあると考えられる。

また、性教育についても同様のことがいえる。これまでは、「寝た子を起こすな」と性教育を否定し、「自然に覚えるもの」と考える風潮が強かった。健康の問題がしつけや習慣形成のレベルからなかなか認識レベルの教育課題にならなかったように、性の問題はさらに教育課題になりにくかった。性の問題を狭い偏見でとらえ、人間の発達課題、人格や生き方にかかわる重要な教育問題である、というかたちでは長い間とらえられないできたのである。しかし、若者の性の問題（人工妊娠中絶や性感染症の増加）が注目されるようになり、またエイズの広がりが問題視されるなかで、文部省もようやく重い腰を持ち上げ、性の問題を教育課題に組み込まざるをえなくなったといういきさつがある。

（2）「健康に生きる力」を能力としてとらえること

生涯学習時代における学校での健康の教育や性の教育は、一生涯学び続けられるための基礎的な能力が育てられるべきである。健康の問題も性の問題も生きることにかかわる一生涯の問題であり、そのときどきに考え、判断し、自己選択・決定していくものである。それは一生涯生きていくための能力であり、そのときどきに高めていくものである。テレビ、雑誌、その他で多くの健康情報が流されている時代である。学校時代にそうした学ぶ力を能力として養っておくことは、こうした時代にはきわめて重要なことである。

そのために大事なことは、学校での健康教育は一生涯学び生きる力を豊かにしていくための基礎的な内実があることと、学習力を身につけさせるために、じっくり考えさせ、理解と納得をうながすような指導であるべきだということである。子どもの今だけを意識し、今必要な内容とその行動・実行だけを動機づけ、迫っていくような指導では、生涯役立つ力の育成には結びつかない、ということである。たとえば、風邪の教材などは一生涯つきまとう健康課題であるし、食・動・眠などは一生涯健康を左右する日常的な生活である。こうした教材を大事に時間をかけて取りあげ、その原理や意義をじっくり考えさせ、納得させる授業の展開を工夫することが大事だと考えるのである。

(3) 自己選択・自己決定能力と共生・共存意識を育てる保健教育を

「からだや健康の自己管理・自己育成能力を育てる」必要はかなり以前から主張され、養護教諭の間でも実践的に追究されてきた。最近では、健康や性の分野でも自己選択・自己決定能力といういい方がなされているが、それほどの違いはない。

健康とはからだの状態であり、いのちそのものといっていいものである。それは個人の自由と権利に属する人権の問題であることが基本であるが、ある部分個人の責任に属する問題でもある。こうした考え方の普及が医療におけるインフォームド・コンセント、インフォームド・チョイスの一般化につながったのであろう。この考え方は医療分野に限定されるものではない。健康教育にとっても基本になる考え方であるといえる。できるだけ正確な健康情報を与え、自らの生き方とかかわって健康を実現していく、そういう個々人の選択能力を育てていくことであるといえる。

ただ、人間の健康は個人的な努力だけでは実現しない問題も多い。社会的な現実や環境要因が複雑にかかわっていることも多くある。健康問題を個々人の生活行動要因にだけ還元していく健康観のもとで、健康問題や疾病をすべて個人責任に帰するような位置づけはすべきではなかろう。とりわけ、難病者や進行性の病気を抱える人、障害を抱える人に「健康脅迫」にならないような健康のおさえ方をすることが重要である。また、そうした社会的視点をもったときに、自分さえ健康であればといった独りよがりの健康観に陥らない「共生、共存の健康観」が重要になる。仲間で、家族で、学校で、地域社会で、そして日本全体で、というように、広がりのある、しかもみんなでつくりあげていくものと考える創造的な健康意識を醸成する健康教育となる必要があろう。

性の教育についても同様のことがいえる。青少年の多くは「寝ている」状態ではない。正しい情報提供をし、自らの性を生き方のなかで主体的に判断・選択し、行動決定していく能力を育てていかなければならない。ただ、その場合に注意を要するのは、「他人に迷惑さえかけなければ、何をしてもいい」と考える独りよがりの「自由」や「権利」の解釈であるとか、「自分で責任取ればいいんでしょう」といった開き直りの安直な責任論の問題については、十分な注意と検討が必要である。とくに、他人のことには善悪にかかわらず（いのちや人権にかかわる問題でさえ）できるだけ干渉しないという社会になりつつある。一定の価値にもとづいて共同体をつくり、社会関係を築いていく側面が弱くなっている。新自由主義とかネオリベラリズムといわれるような、なんでもあり（市場原理による自由競争）で、責任は個々人がとればいいという考えが進行し、いのちや健康、性の問題までそういう意識や雰囲気にはまり、広がっているように思えてならない。これからは、こういう状況を踏まえ、どういう健康のとらえ方をし、どのような健康教育を追究すべきか真剣に考えなければならないだろう。

第1章

わかることが生きる力になる授業の創出を

1．「保健の学力」という発想と保健で「わかる」ということ

学力観のゆがんだ状況のもとで、「保健の学力」とか「体育の学力」という発想はなかなか受け入れられないばかりか、奇異にとられる状況がある。私は「性の学力」とか「保健室で育てるからだの学力」といったいい方にまで拡大して主張したこともあるが（『教育保健学への構図』大修館、一九九四）、なかなか浸透しにくい状況を感じ取ってきた。今日の学力観が受験や偏差値と結びついた学力観になってしまっているために、受験に関係しない教科には学力という語が結びつかないのである。一部の養護教諭からも「保健という健康を実現する教科や保健室にまで学力主義の弊害を持ちこむのか」という批判を浴びてしまうような誤解が生じることもあった。しかし、学力の本来の意味を考えると、「自ら学ぶ力」であり、どの教科でも、学ぶ内実（科学や文化）のあるものにはすべて学力があり、その観点からその中身や身につけ方を検討することは可能なのである。むしろ、そうした検討をしてこなかったために「しつけ」主義的な保健教育ですまされてきた、といってもいいのではないか。

（1）「保健の学力」を身につけるとは

まず、「保健の学力」というものをどのようにとらえるか、ということがある。それは大まかにい

うと、からだを発達させ、健康を実現させるために思考し、要求し、活動する能力だ、ということができよう。思考するためには、どうしてか、どうすれば、といった疑問をもつということが前提にある。

もう三〇年近く前、小学校での保健の授業研究を始めたころ、「鼻と健康」の授業構想の段階で、子どもたち（一クラス三二名）に鼻に関する疑問をなんでもいいからと出してもらったところ、四〇をこす疑問が出された(次ページ参照)。それと同じことを教員養成の大学生二四名に書いてもらったが、一二しか出なかった。また、簡単な人体の輪郭図の中に人体の骨の概要をスケッチしてもらったり、消化器の概略図を書かせたりもしたが、小学生と大学生の図はほとんど違いがなかった。こうした比較をとおして私は「からだの学力は学校ではほとんど育てられていない」ということをいってきたが、自分のからだ、健康を守る知恵と術（すべ）はきわめて貧弱だといっていいのではないか。学校では「そういったことは家庭で身につけさせるもの」と考えられてきたように思われる。

「保健の学力」ということのイメージを示すために、事例を示そう。風邪をはじめとする呼吸器の病気の場合、たいがいは鼻に症状が現われる。鼻が空気の出入り口だからである。大事なものを取り入れる出入り口だからこそ、有害なものまで侵入してくるのだが、そこでその侵入口にはいくつかのバリアが敷かれており、攻防もあり、その結果として症状が現れるのである。そうしたことの原理を踏まえておくことは、からだにそなわった防衛体制を自覚的に援助していくうえで非常に重要なこと

小学校 4 年生（32 名）が 10 分間であげた鼻に関する疑問

1. 鼻と口や耳や目が，どうして通じているのか
2. 鼻の大小，高低，形は，どうして，あるのか
3. 鼻の穴は，なぜ二つあるのか
4. 鼻はどうして出っぱっているのか
5. 鼻の形は病気と関係するのか
6. 鼻の下のくぼみは，なんのためにあるのか
7. 鼻のおくは，どんなになっているのか
8. 鼻毛の色は同じか，またのびるのか
9. クシャミはどうして出るのか
10. 鼻の穴は，中で，一つになるのか
11. 鼻は，なぜ，あきっぱなしになっているのか
12. 鼻水はどこから出るの，どうして出るの
13. 鼻水にとう明と，黄色いのと，緑があるのはなぜ
14. 鼻はどうして，目と目の間にあるのか
15. 空気が肺に入る前に，鼻のところできたなくならないか
16. 鼻に水が入るといたくなるのはなぜ
17. 鼻はどうしてつまるの
18. はな水の成分は，なにか
19. ピーナツやチョコレートを食べると鼻血が出るのはなぜ
20. 鼻はどうして顔のまん中にあるのか
21. 鼻はどうして，においを，かぐことができるのか
22. どうしてアメリカ人の鼻は高いのか
23. 子どものうちに鼻をひっぱると高くなるか
24. どうして鼻をうごかすことができるのか
25. 鼻の穴はなぜ下をむいているか
26. 鼻の下になぜ，ひげがはえるのか
27. なぜ鼻でやると口より呼吸がしやすいのか
28. 肺の中がたまっているのか
29. なぜ，鼻が，あかく，なるのか
30. 鼻油は，どうしてでるのか
31. 赤ちゃんの時，おかあさんのおなかで，どうして呼吸したか
32. プールで鼻からすった水は，どこへいくのか
33. 鼻をかむと，耳がキーンとなるのはなぜか
34. 犬の鼻は，ぬれているのに，人間の鼻はぬれていないのはなぜ
35. 鼻は，どうして「はな」となづけられたの
36. 鼻に骨はあるのか
37. 鼻を手術するとき，どこから切るのか
38. のぼせると鼻血が出るのはどうして
39. かぜをひくとどうして鼻水がでるのか
40. 鼻くそは，なんでできているの，食べても害にならないか
41. 鼻がわるくなるとなぜ，体もわるくなるのか

である。「保健の学力をそなえている」ということを、そのようにおさえたいのである。

(2)「しつけられ知」から「なるほど(納得)知」へ

日常生活における保健のことがらには、親や大人からの「しつけによる常識知」になっていることがとても多い。たとえば、「甘いものを食べると虫歯になる」「暗いところで本を読むと(そんな近くでテレビを見ると)近視になる」「湯冷めすると(寝冷えをすると)風邪をひく」といったたぐいのことである。そして、それらにほとんど疑いをもたずに大人になり、その大人がまた子どもにそのしつけを繰り返してきたのである。つまり、しつけによって得た知識に違いないが、その原理はまったく理解していない「しつけられ知」のレベルのものなのである。こういうレベルの知識(実は知識に値しない)は、大学生にも共通している。「受験知」で入学してきた大学生も、もちろん「保健知」は「しつけられ知」のままである。

カメラのフイルムキャップ(二個)につけておいた抜歯(一つは砂糖水、もう一つはレモン水で、約二週間)を見せ、どちらが蝕まれているか(四択…両方、砂糖水、レモン水、両方なし)を聞いたところ、約七割は砂糖水、約二割は両方であった(図参照)。つまり、九割が「砂糖水につけた歯は変化している」と解答するのである。私は約二〇年間この問いを一〇〇人以上が受講する大学の授業で試験的になげかけているが、解答はほとんど変化していない。「受験知」を中心に教育を受けてき

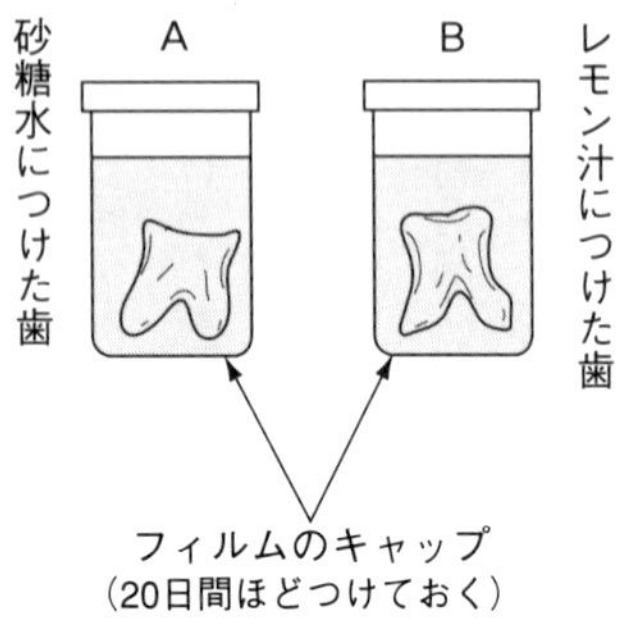

ア．A・Bともに何らかの変化をしている
イ．Aのみ何らかの変化をしている
ウ．Bのみ何らかの変化をしている
エ．両方とも変化していない

歯は甘いもの（砂糖水）で変化するか

た学生諸君にとっては、こういう課題はほとんど考えたことがないのである。学校教育では、一度も課題にされてこなかったということである。歯磨きの訓練や、甘いものを控えるようにといったしつけはたいがい受けてきたであろうが、保健の学力はほとんど高められたことがない、というのが実態だということである（ちなみに正解は、「レモン水のみ変化」である）。

養護教諭や教師たちの多くもまた、保健に「学力」などという発想をしたことがない、というのが実状であろう。養護教諭や教師のなかには「子どもたちは、なぜ虫歯になるかということはすでにわかっているのです。甘いものを食べたり、歯を磨かないと虫歯になることはよくわかっているのに、実行しないだけなのです」という人がいる。私は長い間そういういい方をする人に出会ってきた。今でもたまにそういう話をする人に出会うことがある。このときの「わかっている」は原因と結果の関係性の認識ではなくて、しつけことばとしてのパターン知にすぎないのである。だから、「甘いもの」がどうして（どんな原理・機序で）歯を溶かす（脱灰する）のかに関しては、ほとんど理解していないのである。この点については、先に大学生の例で述べたが、「納得知」にはなりえていないのである。その意味で、「わかる」ということはどういうことかということを、深く吟味してみる必要があろう。

(3) 真に「わかる」ということはどういうことか

「わかる」ことの基本は、物事の本質を「なぜ」「どうして」と問うことの過程で、原因と結果の関係性を論理的・法則的に理解し、納得を得ることだといえる。つまり、「なるほど知」を獲得することなのである。それまで見えなかったことが見えるようになってくることである。学習者の立場でいうと、本質を問う力を身につけ、理解力を深めることだといえる。

そういう理解力を前提にして、それが納得やその認識の大事さの価値判断に結ぶとき、そのわかることは「生きる力」となり、自らの行動を方向づけ、生活や人生に役立つものとなっていくのである。その意味で、「わかるとは納得をへて、生きる力につながること」と考えてよい。

また、「わからない」ことを「わかる」ことも大事な「わかる」ことだ、という理解も必要なことであろう。保健に関することがらには、まだ十分本質（因果関係）が解明しえていないことも多い。こうなのだろうか、ああなのだろうかと考え、吟味し、この点はまだわかっていないのだということに気づくことも、りっぱな「わかる」ことなのだということである。こう考えると、「わかるとは、考えることの豊かさ・意味がわかること」ともいえる。

(4)「わかり方」には質(深まりと広がり)がある

学習者の立場にたって「わかる」ということの内実とその「わかり方」を検討してみると、それには多様な質があることに気づく。

小学校教師仲間との保健のすぐれた授業を実践追究したのち、子どもたちに授業の感想を書いてもらったものの文章の語尾(述語部分)を分析することを以前何年か続けたことがある。それらを整理すると、子どもらのわかり方には次の四つの特徴があることがわかった。

まずその基本には、①「知的・論理的なわかり方」がある。それには、「いろんなことがわかりました」「~をはじめて知った」「~のしくみの原理がよくわかった」「~の役割がよくわかった」という知的なわかり方、「はじめは~だと思っていたのに、~だったのです」「~にとても大事な役目があるのがわかった」「~を知って、なるほどと思った」というような発見的で腑に落ちるようなわかり方、「どうして~なのかがわかった」「なぜ~になるのか、だんだんわかるようになった」というような論理的なわかり方、といったことである。

次に、②「実感的で価値的なわかり方」がある。「~(からだ)はうまくできているなーと思った」「~だったのでおどろいた」「~がとてもふしぎでたまらなかった」というような感性的で実感のともなったわかり方、「もし~がなかったら大変だと思った」「~はとても大切だということがわかった」

「人間のからだはすばらしいと思った」「人間のからだというのがとても好きになりました」「〜の勉強はとても役に立つと思います」というような価値観形成にむすびつくわかり方、である。

さらに、③「さらなる追究心に発展するわかり方」がある。「もっとこのことについて調べてみたいです」「人間のからだについてもっと知りたい」「今日はもう少し保健の勉強をしてみたかった」「〜のことはわかったけど、〜はどうなんですか」というような、新しい事実を知ったり、一定の理解が深まることによって別の疑問が出てきたり、知りたいこと追究したいことがさらに湧いてくるようなわかり方である。

生活に密着した保健独特のわかり方として、④「実践への意欲がそそられるようなわかり方」がある。「〜のときは、絶対〜したいと思います」「これからは〜をできるだけがまんしたいと思います」「〜のときには気をつけたいと思います」「〜だから、からだを大切にしていきたい」「〜について家族で話したい」「〜を知ったのでお父さんにも注意したい」といった、実践への意志や意欲がはぐくまれるようなわかり方、である（次ページの子どもの感想例参照）。

「わかり方」の質を、子どもの感想を手がかりに四つに分類したが、これらは個々に独立したものではなく、授業展開の深さとか質とかかわって一連の構造をなしているものといえる。つまり、新たな知識を獲得したり、断片的だった知識が論理的な思考に発展したり、誤った知識が科学的な知識によって覆されたりしながら認識形成がなされ、しかもその認識獲得の過程が具体的でリアルなもので

保健の授業実践にみる子どもの感想例

○「鼻と健康」の授業（小 4）

「わたしは鼻の勉強をして，ずいぶんいろいろなことがわかりました。そのなかでも，鼻の中のしくみがとてもよくわかりました。鼻は息をすることとにおいをかぐために，ずいぶんうまくできています。でも，鼻の病気になると，息もじゅうぶんできないし，いろんな病気になることもあるときいておそろしいなと思いました。いろんな本を読んで，鼻についてもっと調べてみたいです。とても鼻の勉強は役にたちました。また保健の勉強をしてみたいです。」「鼻はとても大事だなあと思いました。鼻がでたくなったら，すぐかむようにしたいと思います。」「ぼくは，今，アレルギー性のちくのうしょうという病気でお医者さんにかよっています。鼻の勉強をして鼻はとても大切な役目があることを知ったので，ならったことを実行してぜったいなおしてみせます。」　（学校体育，′73，11 月号）

○「歯と健康」の授業（小 6）

「歯にはいろんな形の歯があって，それぞれにちがった役割があることがわかりました。歯もうまくできているもんだなあと思いました。もしこんな大事な歯がなかったら，大変だなあと思いました。」「むし歯は，歯のカスのところにすんでいるミュータンス菌と甘い食べ物が出あうことによってできるということをはじめて知りました。ぼくの大好きなカルピスやコーラ，チョコレート，アメ，砂とうのはいっているものは全部ダメです。ショックでした。全部食べないわけにはいかないけれど，甘いものはできるだけがまんするようにします。そして，歯は毎日ぜったいみがきます。」

（体育科教育，′75，1・2 月号）

○「人間のからだ」の授業（小 6）

「直立姿勢って，今はなんでもないけれど，立つということは大変なことだったんだなあと思った。今日はもうちょっと勉強したかった。」「人間のせ骨はまっすぐだと思っていたらＳ字型だといわれ，うそだと思ったけど，せ骨のもけいをみたり，実さいにさわってみてＳ字型だったのでおどろいた。なぜそうなっているかをきいてなるほどと思った。せ骨は 15 歳ぐらいでかたまるというので，しせいに気をつけたいと思います。」「人間のせ骨は少し前の方にはいりこんでいることや，ロッ骨にすき間があいていることの理由を知って，うまくできているなあと思った。もっと人のからだのことを知りたいです。」「人間のからだについて，なんとなくわかってきたような気がしました。もしロッ骨がなかったら，転んでしまったときや，ねていてふまれたときなんかは，内ぞうがすぐこわれてしまったなんてことになるから大変だと思いました。ロッ骨にすき間があいていなかったら，上体をうごかすことはできないのでロボットみたいになってしまう。ロッ骨１つみても人間のからだって本当にうまくできているなあと思いました。」「人間の体について８時間勉強して，「直立姿勢」というのはいろんなことに関係していることがわかりました。手が自由に使えるようになったり，脳が大きくなったということもなんとなくわかりました。はじめは，ぼくは直立姿勢は，立つことだけが役目だと思っていたのに，もっと大事なことに関係していたのです。ぼくはこの勉強をして，人間のからだというのがとても好きになりました。」

（学校体育，′81，8・9 月号）

あることによって、より実感的で価値的な意識に高まり、このことが実践的意志や意欲、態度を必然的に生み出すのだと考えられる。こうした総体的なわかり方とかかわって健康に「生きる力」がはぐくまれるものと考えられよう。

(5)「わかる」ことと「行動・実践」の関連性〜切離し論の弊害

「知識があっても行動しなければ意味がない」という理屈、つまり医者の不養生の論理を盾にしたいい方が、よくなされる。健康教育のねらいを行動・実践におく行動論者にそうした主張をする人が多い。知識・認識・わかる、ということの解釈については、あるていどその異同を明確にする必要はあるが、そうした知的理解と行動・実践の関連を問わないで切り離し、どちらも必要だと一応いいながらやはり行動しなければ何にもならないのだからと、行動のほうが大事なのだと主張する。あるいは、知識もあるにこしたことはないが、それだけでは行動に結びつかない（別の要素も必要だ）というい方もある。また、認識目標も行動目標も両方大事だ、とか「わかる」と「できる」の両方を統一した指導が必要だ、といったいい方（折衷論・統一論）もある。しかし、私にとってはこれらのいずれもが考え方として引っかかる主張であり、基本的に切り離し論に思えてならないのである。ここでは、こうした論の何が問題なのかについて検討してみたい。

一つは、認識と行動は相対的に区別は可能であるが、人間の日常を考えると一連のものだといえる。

一般に、行動は一定の認識を反映した意識にもとづいて選択・判断され、なされているものであると考えられる。もちろん、その認識の深さや確かさによって、行動は変わってくる。しかし、その認識が浅いとかほとんどない場合は他要因に影響され、たとえば健康によくない場合にも、おいしいとか甘いとかでつい食べてしまうとか、飲んでしまうとかいうことがある。飲酒や喫煙のように他人にすすめられてついやってしまう、ということもある。しかし、だからといって、それらの他要因に対する対策とか配慮を考えることが第一義なのではなくて、やはりそのことの大事さを実感できる健康認識を深め、確信をもち、あるべき行動選択への意志を醸成すべく働きかけるのが健康教育の本筋だと考えるのである。

教育作用の視点からしても、できあいの知的パターン（「甘いものを食べると虫歯になる」といったこと）や「結論知」を覚えこませることが、本来のあり方ではないであろう。健康にかかわる現象的事実（虫歯）と要因・原因（甘いものの飲食や歯みがきをしないこと）との関係を納得してわかることが基本である。

知識というのは、本来「納得知」に通じる因果関係理解のことであるが、認識というのは、さらにその理解に深さや広さがともない、実感的・切実にわかる（自分の問題としてわかる）といった質的理解のことと考える。それは、その思考過程における変化、すなわちそれまでの自分の経験や意識と、授業において提起された科学的な事実や法則（知見）が関係しあい、作用して、学習者のなかに納得が生じたとき、意識が動き、行動に向かわせるのだということである。私はその一連の過程（行動の前段階まで）を「認識過程」としておさえ、授業はそれをつくり出す作用なのだと考えている。

もう一つの「行動」の概念についても検討を要するであろう。この「行動」にも多様な意味合いが込められているからである。一つは、日常生活における保健行動である。手洗い、歯磨き、排便、食事、睡眠、運動といった行動である。二つは、不健康生活の改善、停止、予防、といったことにかかわる行動である。喫煙、飲酒、薬物乱用、過食、等をしない、やめるといったことである。三つは、健康によくない環境や生活条件を改善したり、よりよい環境や条件をつくる行動がある。

これらには個人的なレベルで可能な行動もあるが、個人的な対応をこえる問題もある。その場合には、市民的な立場での組織的行動や要求行動が必要になる。「保健行動」とか「行動変容」という場合に、その多くは一と二の行動、つまり個人衛生的立場での行為を問題にしていることが多いのである。そういう観点からの「行動」を問題にする場合、保健教育の内容をきわめて偏狭なものにしてしまう可能性がある。

また、そうした個人的な行動にみえる問題でも、その背景には今日的な時代や社会を反映した問題も多い。たとえば、睡眠や食生活、運動不足といった問題も、単に個人的な生活習慣病にしてしまえない生活背景に課題を抱える人は少なくないであろう。「健康によくない生活を余儀なくされている現実」も個人の責任に帰してしまうような「行動」把握にならないような配慮が必要であろう。

(6) 保健認識を機軸とした保健の授業を発展させるために

保健教育を含む学校教育を即効的な効果を期待する場ととらえないで、息の長い生涯教育の一環であり、その基礎教育の場であるというとらえ方が必要であろう。保健教育が対象とする課題には、今すぐにも解決が必要な課題もあるが、そうした課題だけに取り組むことが保健教育ではない。それはどちらかというと保健指導の課題である。保健教育の目的は、その子にとって一生涯の生きる力になる土台を育てることである。今の自分だけでなく、これからの、そしてまわりの社会にも向き合い、かかわっていける能力を育てることが主目的である。その意味で、健康対策の発想のみからの目先の即効的行動変容論に陥らない、教育論としてのおさえ方をきちっとすべきではないだろうか。

そのうえで、教科教育(授業)の独自性はやはり認識過程にあるとおさえることである。行動目標をセットすることで、認識過程の教材研究、授業過程づくりの準備・工夫をおろそかにしないことである。認識と切り離して行動目標を考えている場合、どうしてもおろそかになるのが認識過程である。しっかり考えさせる過程の準備よりも、行動させるためのモチベーション(動機づけ)や、スキル・訓練への考慮に意識が向いてしまいやすい。深い認識を獲得する過程において、行動への意志が形成されることはあるし、それを授業目標(方向目標)としてセットすることはありうるが、行動そのものを授業のねらいにし、それを評価することは、前述のロングレンジな保健教育観をもつ場合はありえない。行動に至るかどうかまでは、責任はもちえないのである。いずれは行動変容してもらいたいという期待はあったとしても、授業としてのねらいはその一歩手前までの意思形成までなのである。とはいっても、具体的な授業過程では、ただちにあるいは将来において生きる力としての能力を身につけられるよう、具体的に取りあげた教材に関する課題（たとえば「虫歯の予防」）について、これまでの生活経験等を意識させながらも、その「経験知」（保健常識）を「科学知」でゆさぶり、再度生活上での展望をもてるような教授プログラムを周到に準備しう必要があるのである。

2. "観"に届き、"観"を育てる保健の指導のあり方

(1) いのちやからだへの慈しみ、人間へのやさしさが育つ保健の指導

このような目標を掲げると道徳指導のように思われるが、必ずしもそうではない。保健学習でからだのすばらしいしくみや働きの事実に感動したり、病気の悲惨さや苦しみあるいはそれを克服した事実について理解したりすることをとおして、人間のいのちや尊厳さへの慈しみを実感していくのである。

近年注目されている「死の教育」という課題も、またこれまで養護教諭の実践でも多く追究されてきた「生命誕生の授業」でも、そのねらいにしている本質的なことは先に述べたいのちや生きることの尊厳さに通じている。死に触れることはいのちに触れることである。生の出発と生の終わりに触れるなかで、人間は生きるということを意識するのである。そして、いのちの尊厳さを感じ、人間にやさしくなれ、仲間にやさしくなれ、生きることの尊さを本質において考えられる人間を育てることになるのだと思う。その意味でも、行動主義や教養主義をこえて、心の根底にいのちやからだ、健康の尊厳をきざみ込むような学習にしなければならないのである。

(2) いのちや健康に関する〝観〟ということ

〝観〟というのは見方や考え方である。さまざまな分野や領域にそれぞれの観があるが、健康に関連する分野での観には次のようなものがあろう。生命観、身体観、健康観、症状観、病気観、安全観、生活観、環境観、等さまざまある。性とかかわるものに、男性観、女性観、セクシャリティなどがあるし、発育・発達観もある。自然観や社会観も健康に大きくかかわっている。いのちや健康に関係するものの見方、感じ方、考え方を育てることが、いや育っていくように健康教育を行なうことが、指導のあり方として究極の目標になるのではなかろうか。さまざまな事実をもとに、健康に関する認識を多面的に、深く追究することをとおして、健康への確信や信念になるとき、観が形成され、自らの生き方の糧になっていくにちがいない。

(3)「わかる」ことをくぐりぬけ、〝観〟に届き、生きる力になる指導

そういう〝観〟は先に修正を加えたように、外から形成するものではなく、さまざまな事実を学習する過程において、感じ、考え、深い認識をくぐり抜けてはじめて自分の内に内発的に育ってくるものだといえよう。

たとえば、風邪などでの「発熱」ということを考えた場合、一般的には発熱＝病気＝悪（よくないこと）と考えがちである。しかし、発熱の生理的意義とそのメカニズムについて知ると、からだがそなえている（生物進化の過程で築いてきた）生体防衛機構のすばらしさに感動し、発熱をありがたいものとして受け入れるようになる。つまり、症状観が変わるのである。現象だけでいやなもの、苦しいもの、なくなればいいと思っていたことが、自分のからだをウイルスから守ってくれている正常なからだの側からの作用なのだと理解したとき、その症状を受け入れるだけでなく、さらにからだをあたためるためにまわりの環境を調節したり、保温して寝るといった積極的な生きる力に反映していくのである。

そうしたことは、その他の観についてもいえることである。生態系を破壊するような環境問題の事実を知ることにより、それが生物にとって、人類にとって、その未来にとっていかに大変なことであ

るかを切実に認識することによって、その人の環境観が変わり、生き方を揺さぶっていくことになるだろう。そういうわかり方が大事なのである。

3．思考をうながす「発問」こそ、授業のいのち

（1）思考をうながすということの意味

日常生活における保健のことがらには、「常識知」というか、それがどういう意味をもつかとか、なぜそうするのか、といったことを不問に付すようにした行動パターンのしつけ的事項がきわめて多い。先の症状観として取り上げた「発熱」とかかわるが、「寝冷えをすると風邪をひきやすい」「湯冷めをすると風邪をひくから早く寝なさい」「うたた寝はだめよ」等々、長く親から子に伝えられてきたが、そういう親も伝えられた子も「なぜからだを冷やすと風邪をひきやすいのか」ということには疑問をもつこともなく、その結論や言い伝えだけを信じてしつけをし、実行を迫ってきたのであろう。だから、子どもたちは、いわれるままにそのときはしぶしぶ実行していたとしても、それは納得しての主体的行動ではないので、何度も繰り返しいわれることとなり、いわれないときは流されてしまう、

ということになる。どうしてだろう、なぜだろう、ということに関心をもち、疑問をもってしっかり考えるプロセスを経ての「納得知」となって、はじめて主体的な行動を生み出す条件ができるのである。

(2) 保健の指導におけるよい発問の条件とは何か

授業という営みにおいて「発問」は決定的に重要である。授業（教科学習）というものの基本を「科学や文化に依拠して子どもの思考を発展させ、人間的な成長に導くもの」ととらえるかぎりにおいて、発問の工夫は欠かせない。単に保健行動をうながせばいい、それこそが保健の授業だと考える場合には、発問などはさほど意味をなさないであろう。むしろ行動をうながすための動機づけやスキルが重要になる。

しかし、前項で触れたように主体的な判断や行動を生み出すためにはそのことの意義を納得するという前提こそが重要であり、納得に至るプロセスを十分踏まえていなければならない。よって、よい発問という場合、その問いには考えるに値する意義が含意されていなければならない。授業者である教師のその教材にこめる価値というものが、発問のなかに凝集されていなければならないということである。私はそのことを、発問にこめる「主張性」といっている。単なるおもしろクイズというのではなく、そのことを考えとおした先に、何かを知った喜びや何かを得た充実感といったものが感じられることが重要である。

このことを前提として、よい発問の条件としては、具体性、意外性、討論可能性などをあげることができる。

具体性についていうと、たとえば「健康って、なんでしょう」というような漠然とした抽象的な問いでは、何を答えてよいかわからず、思考が深まっていかない。発問は、具体的に考えられたり答えられたりすることが可能な質をもっている必要がある。具体的でリアルな資料をもとにイメージを描きながら考えられるとか、自分のこれまでの経験と照らし合わせて思考できるといったことが重要である。

意外性というのは、思考のきっかけとして意味をもつ。保健のことがらに関しては、先にも述べたように、何のうたがいもなくしつけ的に実行してきたことが多いため、改めてその本質にかかわることを問われると「えーっ」と考えこんでしまうようなことが多いのである。そうした一般常識と思われているところにメスを入れ、「アレ?」と思わせ、再考させる問いをぶつけるのが意外性である。たとえば、私のこれまでの例でいうと、先に示した「砂糖水につけた抜歯」が何の変化も起こさないという事実である。この意外性をぶつけることによって、虫歯の生成というのはもっと複雑であり、そう単純でないこと、原理を納得して予防する必要があることを理解するのである。その事実に対する答えが予想外であることによって、どうしてだろうという疑問が生じ、思考が始まり、追究心がかきたてられるのである。そのことが考えさせる授業では大事なことである。

討論可能性というのは、いくつか考え方の可能性のある発問を準備し、それを子どもたちにぶつけることで、多様な意見が生まれ、自然と議論が湧きおこることである。その異なる意見が矛盾関係や対立関係にあるとき、その討議はシャープなものになる可能性がある。そういう多様な意見や考え方が生まれ、引き出される可能性のある発問をどうつくり出すか、ということが求められる。

(3)「ゆさぶり」のかけられる教師の力量

「ゆさぶり」というのは思考に変化を与えていくことである。常識的思考になっていることがらに対して、「エー、どうして?」といった疑問や再考をするきっかけを与え、考えを深めていくためになげかける問いである。こうした問いは、あらかじめ準備した柱となる発問の場合についてもいえるが、むしろそうした発問と発問の間にある生徒の反応や答え、意見に対して、そのつど吟味し、さらなる追発問を臨機応変に準備し、考えをいっそう深めさせる反問や吟味の問いを機微に行なえる力量だといえよう。しかも、その問いから多様な意見や反応があった場合、それを教師がすべて引き取るのでなく、子どもどうしの意見の違いをかみ合わせ、子ども間のトークに組織していく力量でもある。こうしたゆさぶりの能力は、教師の側に多様な思考の教材研究や日ごろの教養をみがく努力があってはじめて身につき、きたえられていくことなのである。

4. 授業における教師の指導性と生徒の学ぶ主体性の関係

(1) スズメの学校でもメダカの学校でも子どもは育たない

現行の指導要領が始まった際に、自己教育力を育てるということが強調され、教師はできるだけ教えるとか指導するとかをせず、支援する立場にたつことが大事だということがいわれた。その際に、「これからの教育はスズメの学校ではなく、メダカの学校にならなければならない」というようなことが、雑誌等の論説に載ることがあり、それに賛意を表明するような状況が広がった。つまり、スズメの学校は「ムチをふりふりチーパッパ」であり教師主導で厳しく叩きこむ指導であり、それをメダカの学校の「誰が生徒か先生か、みんなでお遊戯していたよ」の雰囲気に変える必要があるというものである。

ムチをふりふりというような教師の厳しいスパルタ的教育は、戦後には基本的になくなっていると思われる。戦前のそういった教師主導の注入主義教育を反省し、戦後しばらくは児童中心主義の生活経験を重んじる教育が普及した。しかしその後、教師主導で知識中心の受験的教育が普及し、そうしたなかで効率的な伝達型の教育が一般化した。そうした弊害が指摘され、先の指導要領の変更とかかわって、再び教師主導型から生徒主導型に変更したのである。あたかもシーソーのごとく教師主導か生徒主導かと揺れ動き、変化してきた。しかしながら、子どもとともにすぐれた授業を創出しつつ理論化の作業を進めてきた民間教育研究が蓄積してきた授業研究の成果は、どちらかが主導の指導や学習なのではなく、両者の主体をかけた緊張関係こそが重要なのだということを明確にしてきたのだった。

(2) 指導(者)の主体性と学習(者)の主体性は、共同し協働する

では、指導者(教師)と学習者(生徒)の授業を成立させるうえでの関係というのは、どういう関係なのだろうか。両者を上下関係だとか主従関係だとか矛盾関係でとらえるのではなく、相互に響かせあいながら授業を創出する共同・協働の関係でとらえる必要がある。どちらも授業をつくる主体と主体の関係なのだが、一方は発問を中心とする授業の組み立てを事前に準備し、授業のなかでも問いをなげかけ生徒の反応を引き出し、授業を組織していく主体でなければならない。他方は、そうした発問に誘発され触発されながらも精一杯考え、多くの仲間の知恵とすりあわせながら、自らの納得を形成していく主体なのである。

先述したような教師中心を改め子どもを主体にした発想への転換の主張は、往々にして教師はあまり教えようとしないようにとか、手出しをすると子どもが逃げてしまう、というようないい方で、教

師を消極的立場におとしめてしまいがちである。ときには、教師は何もしないのがいい授業というような錯覚におとしいれてしまうことになる。そうではなくて、教師が一生懸命教材研究し、子どもたちが精一杯自らの経験と知恵で考えられるような問いを準備することで、はじめて両者が共同・協働の授業の主体になれるのである。

(3) 生徒間の討議・討論の成立する授業の原則

教師と生徒のやり取りだけでなく生徒間のトークが十分成立するためには、いくつかの条件が必要である。もちろん、その前提として重要なことは発問の質である。多様な思考が可能で、先に述べたような具体性、意外性を含む討論可能性のあるものでなければならない。

そうした発問を準備できたとしても、他方で子どもたちが自由に、自分の思いや考えを表現できるクラスの雰囲気があり、個々人が解放されていなければならない。授業を先生も含めみんなでつくっていくのだという授業観が、生徒にも共有されている必要がある。何を話しても一人の人間の意見として聞いてくれ、間違っている意見であっても恥ずかしいものではない、という了解がしっかり打ち立てられている必要があろう。

そして、もう一つ大事なことは、教師の授業を組織する力量である。事前の発問準備はもちろんのこと、授業過程における生徒の反応や意見に対するゆさぶりや吟味をする力量がなければ、授業はなかなか深まっていかない。その力量は、たんなる小手先のテクニックではなく、その教材の解釈や理解の広さ・深さに由来するものであろう。何が反応として返ってくるかわからない事柄に対して、とっさに判断し、議論を深めていくためには、幅広いとらえ方とともに、本質的な解釈をしていなければ、授業を方向づけていくことはできない。一方的に教師の側で説明してしまうのではなく、生徒のやり取りをじっくりと組織しながら、自分たちで発見していくように導いていくのが、授業の組織化ということである。子どもの土俵で授業し、相撲をとらせる行司のような役目を果たすのである。そのためには、積極的に教師は授業に介入していくことが必要な場合もある。

山場のある授業、展開のある授業、活気のある授業、こういう質の授業はすべて教師と生徒、生徒どうしの意見のぶつかりあいがあり、葛藤があり、矛盾が生じ、それをみんなで乗りこえるという授業過程がある。それを「緊張関係のある授業」といったり、「集中のある授業」といったりもする。教師が意味のある教材、学ぶに値する教材を選び、深い教材研究をへて、生徒が一生懸命学び、追究するような授業過程を準備し、授業のなかでも子どもの反応や意見に対応して問いを発し、吟味しつつ本質的な考え方に導いていくような指導では、授業者はそれこそ主体をかけた取り組みが求められる。そんな教師に導かれて、はじめて生徒は学びの主体になれるのである。その意味で、子どもを放任し、傍観者的位置に教師をおとしめる授業観からは、決して生きる力も自己学習力も育たないことを銘記しておく必要があろう。

第2章

保健教材の特徴と教材づくりの発想

1．保健の教材づくりの発想

（1）保健教材の背後にある保健の科学をどう考えるか

数学教育の背後には数学という学問がある。理科教育の背後には自然科学（物理学、化学、生物学、地学等）がある。体育の背後にも各種スポーツやスポーツ科学、体力科学等がある。しかし、保健教育の背後にあるはずの保健学なるものはどうも明確でなく、確立されたものがない。だから、保健学をどうわかりやすく教育すればいいかという発想にはなかなかならないのである。

保健の教育内容を構成する原理は、これまであまり明確でなく、生活と健康、環境と健康、病気と傷害、といったような健康や病気に関連する要因との関係で単元が考えられてきた。小倉学氏は、かつて疫学を保健の教育内容を構想する原理とし、五領域試案を打ち出したことがある。また、近年では行動科学が保健の内容の原理でなければならない、と主張する人たちもいる。しかし、現状ではそうした発想からではなかなかすぐれた保健の教材は生まれてこないように、私には思われる。

「保健学」というものの内実が確立されていない現状では、保健学の範疇にはいるであろう個別科学、つまりときには免疫学の基礎的知識であったり、環境保健医学であったり、救急医学であったり、予防歯科学であったりと、多様な医学ジャンルのなかで一般庶民が学び「健康に生きる力」としてたくわえるに値するエッセンスをどう教育内容として取り込むか、ということこそが重要なのだと考えるのである。そういうバックボーンになる保健に関する科学的な成果を、授業実践の追究と関係づけながら取り込み、保健科教育に関連する科学的内容として体系化していくことが大切だと考えるのである。

もう一方で重要なことは、教える子どもの実態を意識することである。その際、今の子どもの健康に関する現実や意識に対応するということだけでは不十分である。その子らが将来生きる社会をも意識して、現代的課題を乗りこえ、将来の生きる力の形成につながる広い視野と見通しをもった教材化が必要であろう。こうした科学の成果と現実の両面から、保健科教育を支える科学として実践的に構築していく必要があると考えるのである。

(2) 教材づくり、教材開発の原則的視点

保健の授業をつくるとか創造するという観点にたったとき、保健を教える教師や養護教諭の一人一人が、目の前の子どもたちに「これだけは教えたい、教えないではいられない」という思いのこもった内容の具体的事柄が湧いてこなければならない。それは保健教育の関係者、研究者にとってもいえることである。日本の現実、いや世界の現実および将来を展望して、二十一世紀を生きる人間にどん

なことを学ばせる必要があるか、教えられなければならないのか、心底から教材開発をして問題提起をする、そういう姿勢が求められているのである。そして、学習指導要領や教科書には、そういった内容が反映されていかなければならないだろう。個々の現場教師には、そうした研究的立場の内容提起に学びながらも、目の前の子どもたちを意識しながら、心から教えたいものを見出し、教材を勉強し、構想を練ることこそが大事である。

子どもにしても大人にしても、今あるからだ・健康の事実は、もって生まれた体質的なものもあるにせよ、多くはそれまで生きてきた自分の行動と環境、つまり生活を反映したものである。また、その行動と環境は、それを選択したり、是認した自分の意識の反映でもある。たとえば、学校で腹痛を起こす子どもの生活背景には、排便習慣がなかったり、食べすぎたり、お腹を冷やしたり、ストレスを抱えていたりといった多様な現実があろう。虫歯をたくさんつくっている子の背後には、食習慣の乱れや歯磨き習慣ができていない子どもの姿がある。水俣病という公害病を発生させた背景には、そういう環境を是認した日本社会の現実（これも人間の意識レベルが低かったこと）があった。

このように考えると、保健教育の意図は、意識（認識）の変革をとおして人間の行動と環境、つまり生活現実を変えていくことにあるといえるだろう。よって、保健教材をつくるというときの発想原理は、生活（行動・環境）とその反映体としての身体との関係性こそが教材構成（授業の組み立て）の中核に据えられるべきであろう。その意味で、保健教材の構成上の中心は「からだ・身体」だと位置づけたい。これまで養護教諭たちが「からだの学習」と位置づけ、実践的に追究してきたのも、そういう発想が基本にあるからだといえる。

(3) 保健のねらいとかかわった内容・教材の考え方

教材には、さまざまな「栄養」が含まれていることは前提になるが、授業のねらいにはいくつかの考え方があり、そのねらいとかかわって「栄養」の取り方にも違いが生じることになる。たとえば、体育の場合を考えてみると、そのねらいを体力づくりに置く場合とスポーツ技術を身につけることに置く場合とでは、教材化の視点や重点のおき方が違ってくるし、授業のあり方にも大きな違いが出てくるであろう。同様に、保健の場合にもどういう目標を教師が掲げるかによって、重点教材の設定や教材化の視点が違ってくるのである。

保健という教科の目標を、生活化とか行動化といった行動主義ないし実用主義に置く場合と、しっかりとした保健認識(わかる)の形成に置く場合とでは、教材研究も授業の構想もかなり違ってくるであろう。

たとえば、行動主義的なねらいを授業の目標とした場合、重点教材は生活習慣病とか、喫煙・飲酒・ドラッグといった個人衛生的問題を予防・防止する内容がおもになるだろうし、いかにすれば生活や行動が改善させられるか、といった行動や態度の変容を意図した教材化や授業上の工夫に焦点化されるであろう。今回改訂の学習指導要領の改善意図には、かなりそういったねらいが打ち出されてきている傾向がある。

認識形成に目標を置くという場合にも、理科教育が自然科学の内容を学年の発達段階に対応して教材化し系統的に教えるというのと同じく、保健の科学的内容を順を追って系統的に教える、ということになるのかどうかという点では、少々無理がある。つまり、「保健の科学」がそれほど教科のバックグラウンドに明確に位置するほどの十分な体系性や内容が確立されていないという問題と、保健という教科領域は現実課題とかかわった教材選択が他方で意識されなければならないと考えるからである。

私は基本的には、教科の教材を支える背景には、すぐれた科学や文化、芸術、スポーツといった学ぶべきものが存在し、学習者はそのすぐれた実質に触発され、自らの人格や意志、考え方、生き方、行動といったものを変え、発達させていくものだと考えている。保健という教科の背景には体系だった科学や文化は明確ではないが、現実課題に対応する健康科学の研究は多様になされているし、これまでの役立つ蓄積も多様に存在する。先にあげたような健康の行動変容を意図するという場合にも、その保健行動を自己目的的に図るというのではなく、科学的な認識を踏まえ、その重要性や意義がわかり、原理を納得したうえで、自らの意志で自らの行動を変えていくという「人間変化の結果としての行動変容」であるべきだと考えるのである。

教科教育のねらいは、基本的に「認識形成」にあると考えるが、教材化の視点としては、科学の体系から直接的に引き出してくるには無理のある保健の現状では、現実的な健康問題および将来的な健康課題の視点から、これからを生きる子どもたちに何を教えるべきかという教材化の発想を重視して、個々の科学的成果を組み込むべきであろう。現実的な健康課題を見据えながら、それにできるだけ課題解決の展望を与える科学の視点を、たえず意識するべきであろう。

（4）今日的な保健現実とそこからの教材化の視点

教材のよしあしや価値という場合、栄養があるかどうかという「素材」の観点と、おいしく食べられるかどうかという「調理」の観点がある。ここでは、栄養つまり現実的な健康課題を踏まえての「学びの必然性（教育価値）」の観点から、どういう教材化が重要であるかについての概要を述べてみたい。

まず第一に、大人の場合でも子どもにとっても指摘できることであるが、現代社会におけるわが国の国民一般の抱える非健康的生活の問題がある。かつては中高年者に多い成人病といわれていた疾患が、近年、その対策的課題を意識して生活習慣病といわれるようになった。これも、ここ数十年間のわが国の近代化過程における急激な生活変貌がその背景となっている。いのちや健康を左右する食生活、身体活動（運動）、睡眠（生活リズム）といった基本的な生活の変化が、どのように現代人の健康問題にかかわっているかということを、きちっとおさえることが必要であろう。ただ、こうした生活関連の教材も、個人的に自分の生活のなかで実行する必要性やそのライフスキルを強調して行動変容に迫るというのではなく、まずはその必要性の根拠になる原理を納得できるかたちで認識しうるような授業過程を準備することでなければならない。意義や必要性を実感的に認識することを踏まえてこそ、主体的に生活に生かしていく力としてたくわえられていくと考えられるからである。

食生活と健康に関する内容では、食物とからだの関係認識を軸にして、食の量的・質的バランスの問題、食生活のリズムの問題を扱い、それが健康とどうかかわるかという認識の形成が重要であろう。また、その応用題としての過食や少食の問題、特定の栄養の過多や過少の問題（偏食）を食の選択能力の問題としておさえる必要があろう。生活習慣病の問題とかかわった食生活の問題についても、脂質や糖質の過剰摂取が人体のどこにどのように作用し、それが健康問題にどう影響するのか、また夜食をとるとか朝食を抜くといったことがどのように生体の健康状態に影響するのか、といった認識をきちっと育てるということが重要であろう。

運動と健康に関する内容についても同様で、その必要性の強調でなく、運動が健康、つまり身体の諸器官・諸臓器の健康の保持増進や発達・老化防止に影響することの根拠の強調であるべきであろう。睡眠や生活リズムと健康に関連する内容についても、「疲労の回復に役立つ」ていどの扱いでなく、その根拠や科学に迫るべきである。睡眠中の成長ホルモンの分泌や脳内血流量の変化、免疫系の働き等、最新の生理学的・医学的知見に学びながら、睡眠の意義やあり方を改めて問い直すような教材研究が必要であろう。排便の意義やあり方に関する内容も、わが国では養護教諭たちの実践によって広がった教材である。食べることと排泄することを一体としてとらえ、新陳代謝している生体の営みを理解させ、消化吸収と排泄（ウンコの旅）のプロセスを学ばせることで、排便の必要性や意義に結びつける教材づくりである。

第二に、今日の社会は精神的なストレスに満ちており、心身症とか心因性の疾患や不調がきわめて多いのが特徴である。子どもの不登校や心因性の問題（荒れや閉じこもりなど）が社会問題になっているが、大人のストレスに起因する問題も多い。こうした現実のなかで、心身相関の科学、とりわけ大脳と自律神経、ホルモンがどう心身を結びつけているのか、身体諸臓器を支配しているのか、ということをわかりやすく教材化し理解することが重要になっていると思われる。小学校段階ではむずかしいとしても、中学・高校段階ではストレス解消法だけでなく、その原理をきちっと理解させる教材化が必要であろう。根拠を理解することで、ストレスを避けたり、いい意味で開き直りができたり、要因を取り除く方向での向き合い方が可能になったりするからである。学習指導要領では対処法や解消法が強調されているが、まずはその原理を納得するかたちで理解できるようにすべきであろう。

第三に、生命の誕生から発育・発達および老化という人間の一生の変化に関する教材も重要になってきている、と考えられる。乳幼児期における心身の発達上の問題や思春期から青年期にかけての性や心の問題など、それぞれにおける発達上の特徴や発達課題があること、そしてまわり（発達環境）との関係でそれが歪みになることがあることなどについても理解することは意味があるだろう。また、こうした教材化は、高齢社会を迎え、高齢者理解という意味や誰もがいずれ迎える老化という現象に対する理解という意味でも重要になってきているといえよう。生命の誕生（胎児の成長も含む）や幼少期から思春期・青年期にかけての心身の発達とその時期その時期の特徴と課題に関する教材は、小学校、中学校、高校それぞれに重要な教材になりうるし、老化の問題は高齢者理解という意味でも高校を出るまでには教材化したいものである。

第四に、生活環境や労働環境、あるいは自然環境も含めて今日的な環境諸条件と私たちの健康とのかかわりについての内容も、現代的課題である。今日のわが国のようにいちじるしく近代化・文明化した社会における生活環境をみると、便利さや快適さを求め、それにどっぷりつかった現代人の心身にはさまざまな課題が反映してきている。適応力の低下による不調やさまざまなアレルギー反応、ストレスによる心身症、生活の歪みによる生活習慣病など、まさにそれである。また、労働環境も大きく変化してきている。機械化からコンピュータ化の時代になり、人間関係等もからまってストレスの多い職場環境になっている。さらに、身近な生活環境にも問題が広がっている。化学物質、生活空間を汚染する排ガス等の有害物質、河川や大気の自然環境を汚染する物質等、現代人は真剣に見直さなければならない課題である。学習指導要領では、こうした問題は主要には高校からとされ、小・中学校段階では個人の健康問題に限定するという方向になっているが、できるだけ早い時期から環境に対して健康の視点から見つめ直す目を育てることが必要であろう。とりわけ二十一世紀には、そういう教材化が求められていると思う。

(5) 小・中・高校の発達段階における保健教材の考え方

現代社会における健康課題から、どんな教材が重要かを検討することを横軸に意識するとすれば、もう一方で小・中・高校という発達段階における縦軸での教材化を意識してみる必要があるだろう。保健という教材は、現在および将来を生きる子どもたちにとって、ある意味での実用性が必要であるがゆえに、「後ではとりかえしがつかない（今まさに教えなければ価値をもたない）教材」と「やがて必要になってくる（将来を展望したとき価値をもってくる）教材」とがあると考えられる。おもに、小学生期および中学生期の前半は前者の視点が重要であるし、中学生期の後半から高校生期にかけては今必要というだけでなく生涯にも役立つ後者の視点がより重要になってくるであろう。

具体的な教材で考えてみよう。虫歯や近視など不治性（一度悪化すると回復や復元が困難なこと）の強い疾病は、予防こそが重要であり、なってしまってからでは学習効果がうすい（かつて中三の教科書教材に「う歯や近視の予防」の内容があったことがある）。二次性徴（月経や射精など）の教材や心の発達の内容なども、まさにタイムリーに扱う時期というのがあるであろう。時期を逸してしまって遅い扱いも問題であるが、事前にやるにしてもあまり早く扱うのではピンとこないという問題もある。

今回改訂の学習指導要領で、小学校の三・四年生段階から保健が位置づいたのは一歩前進ではあるが、これまで五年生扱いだった二次性徴（初経や精通）教材を四年生で扱うようになったのは、少々時期尚早といえよう。私は初経（月経）が五年生、精通（射精）は六年生扱いがふさわしいと考えている。小学校の三年生に健康生活の基本である食事、睡眠、運動、排便等やそれらの生活リズムを学ばせることになったのは、それなりに評価できよう。そうした教材の原理（食事等とからだ・健康との関連）に関しては、さらに高学年でも繰り返し扱われる必要があるが、この低学年段階でもそれらの基礎を学んでおくことは意味があろう。ただ、生活習慣病が今日的に大変重要な健康問題であるということで、小学校段階から現行の「病気の予防」教材で扱うようにはいってきているが、病気の問題（脳卒中や心筋梗塞、糖尿病等）として扱うのは時期尚早の感があるし、説明されてもピンとこないであろう。私は、生活習慣病の原理（食生活の問題や運動不足がどうして血管を故障させるか、等について）をきちっと扱うのは中学・高校生期でいいと考えている。

また私は、学習指導要領による保健教材としては扱われていないが、小学校段階では、人間らしいからだに成長・発達していくことを自覚させるための教材として、「人間の脳」や「人間の背骨」「人間の手足」「人間の血のめぐり」といった直立姿勢をとることによってできあがったからだの特徴を学習させたいと思っている（この教材化については、九四・一二九ページ参照）。さらに、保健の基本教材として、病気とはからだがどういう状態になることか、そのときに出る症状の意味すること、そうした状態が治っていく治癒力の基本的しくみ、といった基礎的理解を、一般的な風邪の体験をもとに、ぜひ理解させておきたいものだと考えている。

中学校段階で重要な教材は、心身の発達に関する内容であり、今の自分たちがどういう発達の段階にあり、どういう発達課題があるのかを明確に理解することである。とりわけ、思春期の生理学的特徴（心肺臓器や筋肉の発達など）や生殖にかかわる器官、そしてまた心理的な発達としての「第二の誕生」、すなわち自分の心を相対化するもう一人の自分を発達させる時期であること、などをしっかりつかませることである。

高校生期の学習課題としては、生涯保健の観点にたって、成人期に向かう発達課題から老化までと、成人期に多い健康課題（生活習慣病的問題）、親としての子育てにかかわる課題（結婚、妊娠、出産、育児という一連の課題）や性にかかわる避妊や人工妊娠中絶の問題、などをしっかり学ばせたい。また、この時期には間もなく職業に就くという観点から、近年の労働と健康の問題を扱うことや、高齢社会を支えていくということから、高齢者理解や福祉社会のあり方に関する理解、さらに現代的な環境問題にきちっとした構えを身につけさせていくような環境教育を、保健の観点からも扱う必要があろう。

2. 教師の教材づくりの作業とそれにこめるもの

(1)「教材づくり」といういい方にこめるもの

これまで、保健ではどんな教材が重要かという点について、現行および新学習指導要領にもとづく教育内容もあるていど意識しながら、私の考えを述べてきた。それは、現代の健康課題をおさえること、これまでのすぐれた実践の蓄積を踏まえること、子どもにきちっとした健康認識を育てる授業過程を準備できるかということ、小・中・高校の発達段階における課題を踏まえること、といった観点からであった。「教材づくり」という場合、そういった何がしかの観点から、教材を教師自らの意図のもとに「つくる」、つまり創造していく姿勢を指している。もちろん、生徒に教科書を持たせているのに、それを無視して、たいした考慮もなく勝手に何を教えてもいい、ということではない。現代社会の課題から将来を生きる子どもたちにどんな力をつけておく必要があるかを十分考慮したうえでの創造であるべきである。現行教材を所与のものとして一歩も出ない、というのでは教材づくりにはならない。それだけでは、授業方法上の工夫にすぎない。「教材づくり」とあえて使うのは、教科書の内容がそのまま教材となるのではない、ということを踏まえ、まったくつくり変えてはならないものとしておさえるのでなく、教材は教師によって選定・研究され、授業化の構成や工夫もされて、はじめて生徒にとって生きるものになる、という意味がこめられているのだということである。つまり、「つくる教材」という発想には、「内容（何を）と方法（いかに）を統合したレベルでの教材化（授業構想）を、創造的に構築していくもの」としてとらえるプロ教師としての果たすべき役割、力量、責務が含意されているのだということを意味している。

この「教材づくり」という発想は、教科としての歴史の浅い保健科にとっては、とりわけ重要な意味をもっていると考えられる。保健という教科には、先述したように他教科ほどに教材の背景となる内容（科学や文化）が明確でないということが関係している。理科の場合は生物学、化学、物理学等の自然科学が明確に存在する。体育の場合もバレーボール、バスケットボール、サッカー、陸上競技、等々スポーツや運動の文化が明確に存在している。こういう教科の場合は、その内容を学ばせる意味の検討やそれをどう解釈してどう教材化すればいいか、どう学ばせるか、等の検討をすればよい。しかし、教えるべき内容がないということではないが、一定の論理と根拠にもとづいての必須教材を導き出すための保健の科学や文化というものが不安定な現状からすれば、他教科と違って、現実の健康課題や子どもの保健意識の状況から、教師が子どもたちにどのような能力を育てたいと願うかを先行させ、そのねがいを実現するためにどのような内容をどう教材化するかという自主編成の努力が、個々の教師の創意と工夫によってなされ、確かな教材が授業実践の立場から蓄積されていくことが重要だということである。「教材づくり」をことさら意識的に問題にするのは、そうした教材観と保健科という教科の現状認識があるからである。

(2) 教材を掘り起こし、子どもの疑問を誘発する作業

教科書の記述は、国の定めた全国の子どもに共通する一般的な教育内容ではあるが、各地域にあるそれぞれの学校の子どものニーズに適合するものであるかどうかはわからない。もっとその学校の子どもにふさわしい教育内容があるかもしれない。教科書をまったく無視して勝手に教育内容をつくりかえてよいとは思わないが、教科書をこえる内容、もっとふさわしいと心底思える教育内容があるなら扱ってよい、と考えるのは当然であろう。教科書の内容にまったく忠実にそのまま教えているだけであれば、いつまでたっても内容は新しくならないし、マンネリ化してしまうであろう。

私も、ある出版社の教科書に二〇年来かかわってきたが、教科書の執筆者は大部分が大学の研究者であり、「こういうことを教えてはどうか」という思いがあって書いてはいるものの、子どもと向き合い、その子らにどんなことをこそ、どう教えなければならないか、といった個別具体的な観点での執筆にはならない。そうした現場的発想よりは、むしろどちらかというと学習指導要領に引きずられ、その枠をはずれないようにとの意識にならざるをえないのである。

そうしたものが教科書であるということを前提にして、教科書の内容にもすぐれたものがあるとし

ても、それらはあくまでも教育内容であり、教材にはなっていないのである。教育内容を教材と錯覚してしまうと、教科書を読ませ、若干の解説をするだけの伝達指導にしかならなくなってしまう。その意味で、教師の役割は「教科書を教える」のでなく「教科書で教える」であり、「教えたいものを教材化して教える」であらねばならないのである。同じ教育内容のテーマであっても、子どもたちの前に出てくる教材は、教師の個性がにじみ出るものになっているべきなのである。この子らにこんなメッセージを送りたいんだ、そのためにこの内容をこんな教材にして学ばせるのだ、という「教材の発想」というか「心の発明」というか「ねがい」というか、そのようなものが込められる必要がある。少なくとも「教科書があるから」のレベルを乗りこえなければならない。教師にそうした乗りこえる発想が出てくるのは、一つは現実の保健問題との向きあい方であり、もう一つは子どもとの向きあい方である。その双方との向きあう思想のなかに課題が位置づいてくるのであり、その課題を展望する科学的な目や学びとかかわって具体的な教えたいことやメッセージがおのずと生じてくる、そういうものではないか。

(3) 教師が教材に問いかけることの意義

教えたいことやメッセージが浮かび始めると、おのずと問いも生まれてくる。教材に対する疑問が湧いてくるのである。そこから本当の教材研究が始まるのである。私自身の体験でもこのことはいえるが、私のかかわってきた教師たちの教育実践を生み出す仕事には、常にそういう教材づくりのプロセスがあった。なぜだろう、どうしてだろう、と教材の事実に問いかけ、疑問をもち、自分の頭で考え、予想し、わからないときは専門書で調べ、くわしい人にたずね、教師自身が納得する過程をていねいにへることを大事にしてきた。

睡眠という教材を取りあげたとする。まず教師自身が自分の今ある頭で疑問をもち、教材に問いかける。「夜になると眠くなるのはどうしてだろう」「もし何日も眠らないとどうなるのだろう」「眠っている間は、からだの働きはどのようになっているのだろう」「正常な眠りというのはどのような眠りだろう」「子どもは大人より眠りの時間が長いが、どうしてだろう、本当に長く必要なのだろうか」「睡眠が不足するとからだの調子がよくないが、それはどうしてだろう」「睡眠時間と頭のさえ具合は関係するといわれるし、経験上もそう感じるが、それはどうしてだろうか」「寝る子は育つと昔からいわれるが、本当だろうか」「不規則な生活や睡眠不足の生活をしていると風邪をひいたりしやすいが、関係があるのだろうか」「経験的に深い眠りと浅い眠りがありそうだけれど、そのときのからだや脳の状態は異なるのだろうか」「夢を見ているときの脳って、どうなっているのだろう」等々、限りなく問いは生れてこよう。経験からの疑問もあれば、子どもや他の人の眠りをみていてとか、他の人と眠りの話をしていてとか、何かで読んだりテレビ等で見たことからとか、その疑問の誘発は多様であろう。こうした問いをノートにでも教材の疑問集としてメモしておくのである。それをもとに自分で考えてみたり、誰かにその疑問をぶつけてみたり、文献で調べてみたりする。とにかく、「なるほど」というかたちで理解する教材研究が大事なのである。

私は学生たちに教材づくりをさせる場合にも、また教育実習などで教材研究を余儀なくされた学生が相談にきた場合にも、まずは自分の頭で考えた教材に対する疑問をメモさせるようにしている。学生たちはたいがい「こんな題材を授業でやることになったんですが、何か参考になる本はないですか。学載っている本を貸してください」とやってくる。自分なりに問いをもつことなく本だけ読んでノートにまとめていった学生の実習の授業は、ほぼ間違いなく伝達型の授業になる。ノートを見ながらのしゃべりになると、かなり協力してくれていた生徒たちもザワザワとなり、「静かにしてください！」といってしまうはめになる。こんな授業にしないためにも、いい発問が浮かんでくるように、疑問や問いを抱きながら教材研究をするのがよい。子どもに考えさせる授業をしたい、「なるほど！」というなずきや気づきがあり、納得させる授業をしたいと願うなら、教師自身がそういった気づきのある教材研究の過程をへておくことが大事なのである。保健の問題や保健教材でいうと、教師の疑問やふしぎは、たいがい子どもにとっても疑問であり、ふしぎなのである。

(4) 教材世界への感動

そういった教材研究をしていくと、教材によってはかなり奥の深い勉強をしなければならないことがある。一つのことを納得すると、次の新たな疑問が生じ、それをまた知りたくなる。ついに文献ではらちがあかず、直接専門家に手紙を書いたり、知っている人であれば電話で教えてもらったり、直接大学を訪ねたり、という教材研究をすることがある。

私の仲間の千葉保夫さんは、そういうタイプの教師である。自分でわからなくなり、どうしても知りたいと思えば、医学部の先生の研究室を訪ねたり、生物学の大家である井尻正二氏などにも手紙を書き、返事をもらって納得して大喜びをする人である。歯の生え変わりを教材にしたときには、小学生だった娘さんに頼んで、自分もとるから一緒に歯医者さんでパノラマレントゲン写真をとってもらおう、と連れていったりした。乳歯の下に永久歯が生えてきている事実を、どうしても確認したかったのである。彼は教材にする中身の事実について、ていねいに問いを発し、また学習者の子どもにも疑問やふしぎを書かせ（その段階はまだ授業前であるが、すでに教材世界に導入していることになる）、教材研究を深めるのである。納得し感動を得た教材研究の成果は、彼にとっては話すことばそのものに感動と説得性を付加することになり、子どもたちを授業に集中させることになる。

私は長い間、学生たちに保健に関する疑問を機会があるごとに発してきた。保健関係の授業時だけでなく、週一時間もっている体育の授業でもである。

つい最近も、「ちょっと風邪ひいたみたいで熱っぽいので、見学していていいですか」と授業のはじめにいう学生がいた。教師を志望する学生たちなので、みなの前で彼の額に手を当てながら、「風邪をひくとどうして熱が出るの？」「熱が出るのは、からだにとっていいことなの悪いことなの？」と質問した。学生はなぜこんなことを聞くのだろうときょとんとした顔を一瞬したが、「えー、考えたことないよ」という顔になり、「よくわかりません」と返事した。私は続けて「寝冷えをしたらしいということだけど、どうして寝冷えをすると風邪をひくの？」と、今度は原因のほうへ質問を変えた。学生は、何度も「わかりません」というのは気がひけたのか、「からだが冷えると何か抵抗力が落ちるんですかね」と、ちょっとは頭を使った反応をした。私は『なるほど、（額から手をとって）ちょっとは熱がありそうなので、今日は帰ってあたたかくして寝なさい。風邪をひくと熱が上がることやあたたかくする意味、冷やすとなぜ風邪をひきやすいのか、このことを治ってからでいいから調べてメモしてきなさい。それで今日の分は出席にします。マイナスになっているからだを早く戻すのも体育ですよ」といって帰した。帰したあと、他の学生たちには、「高校までの体育ではこういう場合も〝では、そこで見てなさい〟といわれてきたんだろうね。体育というのは運動することだけではなくて、自分のからだを大事に守れる力を育てることも役割だと私は考えています。こういう自分のからだが異常をきたしているときの学習が、もっとも効果的なんだよね」といって、近々教師になる卵たちに働きかけるのである。

風邪で帰った彼は、数日後に研究室に来て、Ａ４のレポート用紙に書いてきたメモを差し出しながら（実は風邪と免疫、体温についてわかりやすく書いている本を紹介しておいた）、「熱は三日ほど三八度ぐらいありましたが、もうすっかり治りました。ありがとうございました。ちょっとめんどくさいと思いましたが、調べてよかったです。からだってすごいんですね。初めて知りました。熱でウイルスをおさえているなんて、今まで考えたことがなかったので、熱の見方が変わりました。あの本を読んで〝なるほど、なるほど〟って納得することがいっぱいありました。こんな機会がなかったらこんなこと考えなかっただろうし、よかったです。自分のためにもですが、もし教師になれたら私も生徒にやってみたいと思います。ありがとうございました」といって出ていった。

教材研究の話に戻るが、三、四年前、高校に勤めている保健体育教師と生活習慣病に関する教材研究を一緒にやろうということになった。私たちは、成人病を生活習慣病といういい方に変えるだけで、この病気に対する予防の意識が単純に高まったり、行動が変わったりするとは思っていない。こうした慢性疾患は、成人になって急に起こるというより、すでに若い時期からの生活のありようがかかわっているという意味で、生活に注意させたいというのが呼称を変えた意図なのだが、主体的に生活のありようが変わっていくためには、からだとのかかわりでそのことの意義とか意味を納得のあるかたちで理解することが前提だと考えるからである。国民一般に生活習慣を意識させるというのはいいのだが、少なくとも学校での健康教育とかかわって考えるとき、生活習慣をいかに実行させるかということのみに視点がいくと、無味乾燥な指導に陥るであろう。私たちはその意味でこの教材を「血管で生活習慣病を教える」と題し、動脈硬化に関する教材研究を共同で深めたのだった。

わが国の死亡総数のうち、三大死因（ガン、心臓病、脳卒中）の占める割合は約六割で、心臓病と脳卒中だけで約三三％を占める。日本人の三人に一人はこの血管病で死んでいるのである。国民の受療率をみても、高血圧や動脈硬化等の循環器疾患がきわめて高い。こうしたことからも、この教材の健康教育としての価値はきわめて高いといえよう。

からだの他の部位は正常であっても、酸素や栄養を運ぶ血管が詰まってしまったり、破れてしまうということは生命の存亡にかかわる事態である。こうした疾患が、現代という時代にどうしてこんなにも増えたのかということである。生活習慣病というけれど、どういう生活がどうしてそういう病気の原因になるのか、それこそが教材研究のしどころである。一般に動脈硬化ということばからは、血管がかたくなると単純に理解されやすいが、そのことと詰まるということの関係や生活との関係は、よほど教材研究しないかぎり理解がむずかしい。こういう領域における研究は、免疫の場合もそうであるが、年々多数の研究者によって研究されており、よほどわれわれがアンテナを張り、情報収集しないかぎり時代遅れになってしまうのである。むかし大学時代に習った、というていどの知識ではまったく対応できないのである。教師は、常に自分の専門領域とかかわった研究成果に情報のアンテナをはっていなければならないのである。

ときどき養護教諭を対象とした講習会で、「生活習慣病というけれど、動脈硬化の原因は何ですか」と問うてみることにしている。「コレステロールや脂肪の取りすぎ、運動不足、喫煙、ストレス、飲酒、睡眠不足」といった生活要因が次々と出されるのだが、どうも底が浅いようである。適当に生活習慣病の要因らしいものが、なんとなく羅列されるといった反応である。そこで、「どんな食べものが、なぜよくないのですか」「運動が不足するとどうして動脈硬化に結びつくのですか」「ストレスと血管が詰まることと、どう関係しますか」「喫煙はなぜ動脈硬化の要因になるのでしょう」というように次々聞いていくのだが、その関係性に関しては、ほとんどまともな答えは返ってこない。アルコールや睡眠不足と動脈硬化の関係については、きわめて根拠がうすく、「なんとなく」という反応になる。ある意味では仕方のないことでもある。このような生活要因と動脈硬化に関する病理的な認識などなくていいから、とにかく生活を改善し、実行さえすればいいのだ、という風潮が「生活習慣病」の呼称になったのだから。そしてまた、こうした血管病に関する研究上の知見は年々深まってはいるものの、まだ未解明の事柄も多いのである。しかし、これらの「なぜ」が明確にならないかぎり、生活改善への実践的意欲は湧いてこないのではなかろうか。

血管がかたくなるということと、血管の内壁にアテローム（粥状硬化巣）ができて盛り上がってくることのイメージの違いや、アテローム形成にマクロファージがかかわっている、あるいは血栓に作用するドロドロ血に血小板（血管内壁の修理）がかかわっているという事実、つまりからだを守る防衛作用のためにそなわった細胞が裏目に作用している、等々、こうしたことは深く教材研究しないとなかなか理解しがたいことである。しかし、そうした原理がわかり、どういう生活がなぜ血管の異常に作用するかということを、納得すると、「なるほど、そういう生活はやめなければ大変だ」という意識が必然的に芽生えてくるのである。

その教材、教材ごとに深い知見が求められるが、その教材世界の内実が感動的に学べるような深い教材研究が重要だし、その教師の学びの姿勢が子どもに伝わっていくのである。

3.「からだの学習」と保健教材の枠組み構想

(1)「からだ」を軸にして構想する保健教材

①生きているからだ

小学生に「生きているからだと死んでいるからだはどこが違うか」と問うと、どう答えるだろうか。子どもたちは、生きているからだは、息をしている、心臓が動いている（脈がある）、体温がある、動く、考えたりする、話をする、食べる、眠る、オシッコやウンコをする、といったことをあげるであろう。これらはいずれも重要な気づきとなる。これらはすべて死に至るとなくなることであるが、健康状態を悪化させた場合にも異変の出てくる生体現象である。呼吸や脈の乱れ、体温の変化、尿や便の変化、食欲低下、運動や睡眠の障害、思考や会話の億劫さ、等々すべてあてはまる。健康・不健康というのは生きている姿の様態を指しており、生きているために不可欠な生体の営み（それがなくなると死に至る）の様（さま）を意味しているといえよう。

その意味で、この生体の諸現象はヒポクラテス以来の医学的判断の基礎になり、今でも医者が患者を検査し、問診し、診察するうえでの重要事項なのである。発熱、尿、便、呼吸や脈、食欲、汗、鼻汁、せき・くしゃみ、等々も含め、生体の現象、つまり生きているからだを意識するということは健康を意識するということでもある。自分の平熱、平常時の呼吸数や脈拍数、健康時の便や尿、こういったことを知らない、意識したことのない子どもたちは多くいる。こうしたことをぜひ教材化し、授業に組み込み、まさに「生きる力」の基礎を耕したいものである。

以前野口三千三氏の本に出てくる「卵の実験」をヒントに「生きているからだ」を教材化したことがある（「健」一九九四／十二）。野口氏の本（『原初生命体としての人間』岩波書店、一九九六再版）に「生卵なら誰でも一定の練習を積めば立たせることができる」とあった。半信半疑でやっていたら、数か月後のあるとき、スーッと立ったのである。ゆで卵はまず立たないが、生卵が立つのはなぜか。両者の違いは、中身が液体か固体かの違いである。液体の場合、その重心が地球の一点（中心）に向かうかたちで位置した場合、きれいに立つのである。初めて立たせる経験をしたとき、その優雅さに感動したものだった。このことから、生きているからだは「内部を固めないで、液体状にしているほど、体は安定した状態でいられる」とあるが、現代人の肩こりに代表されるようにからだを無意識にかためてしまう機会の多い姿を想起し、健康の確保にとっても精神的リラックスとからだの状態の関係性を意識することの重要さを実感した。

また、ゆで卵と生卵を見分ける方法として、その両方を横に寝かした状態でひねって回してみる。ゆで卵は本当にクルクルとよく回る（勢いがあれば立ち上がってくる）が、生卵は回されるのに抵抗するかのように一、二度回って止まってしまう。いくら強くひねってもだめである。つまり、「内部が固まっていると、外力に完全に支配されるが、液体状の場合、内部の状態は主体を保ち続ける」というのが野口氏の解釈なのである。生卵が「生きている状態」かどうかは別にして、約六〇～七〇％が水分である生体、からだをリラックスさせ、呼吸、循環がスムーズにいく状態こそ「生きているからだ」の本態であり、健康につながるのであろう。どんなスポーツでも大事な局面で力を発揮するためには、準備状態でからだをかためてしまってはだめだということは常識になっている。リラックスしてからだに余裕をつくっておくことが大事である。こんなことを教材研究に取り入れてみるのも「生きているからだ」に気づかせるうえで、大変おもしろくて魅力的な教材化が可能なのではないか。

②誕生・発達・老化するからだ

この教材群は、縦軸、時間軸でからだや健康をとらえようとするものである。人間の一生をからだの面からとらえようとする教材づくりである。

「生命誕生」の教材は、これまでも性教育の観点から多く扱われてきた。自分の出生のルーツを学習する教材である。生命の神秘を強調し、いのちの尊厳の感覚を育てようとするねらいの授業もかなりあったが、そうではなくて、受精から着床といういのちの芽生え（発生）の事実から母体内での胎児の成長過程の事実、あるいは出産と乳幼児期の育ちの事実について、親の体験的事実（妊娠の気づき、母胎内での胎児の反応、自分の心がけたこと、出産時の体験、育児時の様子、等）もからませながらできるだけ科学的な根拠にもとづいて感動的に学ばせるべきであろう。根拠に迫ろうとしないかたちでの「からだのふしぎとか神秘」の扱いはむしろ感動を呼ばず、深く考え追究する子どもは育たないであろう。「お母さんありがとう」と思わせることを意図的にねらった指導も、同様である。そうした道徳的なところにねらいを置くのではなくて、自分の出生の事実と存在、あるいは親との関係を確認し、自己肯定感をはぐくむ一つとしての自己の出発時点での認識形成こそが大事なのである。

思春期から青年期にかけての「第二の誕生」といわれるほどの心身の大きな変化の事実とその理由（メカニズム・根拠とその意義・意味）について学ぶことは、今まさにそうした変化にさしかかっているだけに重要な意義をもっている。とりわけ小学校から中学生にかけての身体発達や二次性徴、心理的な変化は、まさに大人に向かっての自立する基礎であり、それを客観的にとらえ、対象化し、自らの行動や生き方を導いていく能力の形成としてきわめて大切な学びであるといえよう。

また、高齢社会を急速に迎え、高齢者の医療や介護等についての制度面での検討が問題になっている。そうした高齢者を理解し、それを支える社会づくりの意識形成は、まだまだ不十分といわなければならない。若い世代が老化という現象に対してどのように理解するか、発達に個人差や性差があるように、老化にはさらに大きい差もある。偏見でもって高齢者を見ないような客観的な事実を踏まえた理解が必要であろう。生徒が高齢者を理解するという観点だけでなく、それは家族理解でもあり、やがて自分の問題でもあるのである。最近では、老化の科学や心理に関する研究も進んできている。まだ指導要領では積極的な位置づけをしていないが、一生涯のからだ・人間の変化という観点からの教材化とその学習を積極的に見直すべきであろう。

③性とからだ

先に「生命誕生」や「二次性徴」の観点からの教材については、先に発達軸のなかで示した。それともダブるが、性という観点からからだをとらえてみると、さらに広がった教材化が可能であろう。性の本質（基本）は生殖であり、健康教育の観点からすると健康な生命を産みはぐくむためにそなわった生殖器官やそれに関連する器官の機能を健全に発達させる観点からの教材化が重要であろう。単なる二次性徴（からだつきの変化や月経、精通の現象）でなく、思春期からの卵子の成熟や排卵のメカニズム、それをうながしているホルモンや卵巣の働き、それを受けて生じる子宮内膜の変化の機序やその意味、月経とその周期、乳房の発達とその意義、等々、性に関する健康な発達についての教育は将来結婚するしないにかかわらず重要であろう。また、生殖に直接関係なくても身体の機能は全体として働いており、たとえば貧血を抱えた身体や強いストレスを抱えた身体であれば生殖に関連する機能にも影響を与えることになる。また、男性の生殖機能にとっても「半分のいのちのもと」をつくるメカニズムとその意義、それに影響する要因等について、きちっと学ばせることが重要である。

さらに、性感染症やエイズの問題についても身体のどこにどういうかたちで病理的変化がもたらされるのか、その要因も含め、そうした事実は中・高校生段階では教えられるべきであろう。

④人間らしいからだ

一九七〇年ころから問題になった「子どものからだのおかしさ」の特徴的傾向は、どうも人間らしいからだの特徴のところに出てきている、というものであった。進化の過程で四つ足の動物から樹上生活をするサル類をへて地上に降りてきてヒトになった、という説を踏まえると、直立二足歩行しうるようになったからだこそが、人間の特徴的身体であるといえるが、その身体的特徴の部分に異変が生じてきている、ということなのである。手指の不器用、土踏まずの未形成、腰痛、肩痛、肩こり、背骨の湾曲（側湾症傾向、円背傾向）、肩こり、脳貧血（朝礼で倒れる）、といった現象を指している。こうした人間のからだの特徴のところに現われてきている問題は、これまでの人類史の過程で築き上げてきた人間らしいからだの特徴の部分に出てきているのであり、その要因は、人間らしいからだを形成してきた生活そのものに異変が生じているからだと考えられる。つまり、二本足をしっかり使って活動し、その空いた手をしっかり使って事物を創造する生活（遊びや労働）が十分でなくなってきているからである。多くの時間を机に向かって座り、抽象化された書面にのみ向かって頭を使う生活になってしまっている。

学習指導要領では扱われていないが、「人間らしいからだの特徴」を、そういうからだが形成されてきた歴史的視点も踏まえ、感動的に学べる教材化、指導過程として位置づける意味は大きいであろう。人間の脳、背骨、手足、土踏まず、血のめぐり、といった教材である。

⑤生活するからだ

人間も動物であり、動かないで寝ているだけの生活をしているとからだがおかしくなる。それは宇宙飛行士の話からも、骨折して何か月か入院した人の話からもわかることである。まったく食べたり飲んだりしないで生きられる人はいない。眠らないで何日も生きられる人もいない。排便も同様であろう。こうした、「生きている」ために最低しなければならない生活がある。そしてそうした不可欠な生活がいいかげんになったときに体調は悪くなり、不健康状態になるのである。これは子どもたちも体験的にあるていどわかっていることである。

この生活とからだの関係についての学習は、保健の教材としては不可欠であろう。生活習慣病というかたちで、「生活がおかしくなると病気になる」ということは意識されてはきている。それを単なる習慣レベルでおさえるのではなく、そういう生活が、なぜ、からだのどこに、どのように悪影響を及ぼすのかをきちっと教えなければならない。

⑥環境とからだ

かつてのように公害問題は課題視されなくなったが、諸種の環境要因が身体に及ぼしている問題は多様に広がり、日常的問題になってきている。その最たるものがアレルギー疾患である。小学生から高校生までの子どもたちに「今までに医者からアレルギーといわれたことがありますか」と聞いた調査結果によると、約半数近くもの子どもが、なんらかのアレルギー反応を引き起こしているようである。そのアレルゲンは、花粉のようなものから、排気ガスのような化学物質、食べもの等々、さまざまである。また、最近のハウスシック症候群や、殺虫剤、防虫剤、除草剤といった清掃薬品、電磁波のようなものまで含めた化学物質過敏症のような問題も、日常生活のなかで広がってきている。明確に症状化していない、予備軍的な子どもまで含めると、かなりの数にのぼるのではないか。こうした今日的な環境問題がどうして身体に影響しているのか、その問題性を科学的に理解させ、環境のあり方を問い直す力を育てることは、きわめて重要になってきているといえよう。ここでは、あくまでも今日的な環境問題が子どもたちのからだにどのように影響しているか、その事実と関係性のメカニズムについて、子どもたちが納得できるものとして扱いたい。

(2)「すばらしいからだ」の諸機能から発想する教材化の視点

いのちの実体はからだである。健康もからだの状態のよしあしを指す概念である。その意味でからだを知るということは、いのちや健康を守り大事にする人間を育てる基本になるといえよう。また、からだがいかにすばらしくつくられ、機能しているかということを学ぶことは、そのからだを慈しみ、大切にしたいという気持ちを育てるうえでもきわめて重要なように思われる。そういった内容は、できるだけ小学校時代から位置づけられるべきであろう。しかしながら、小学校から高校までの教科保健（保健学習）のなかには「人間のからだ」はわずかに発育・発達の観点から扱われているのみで、正面からは位置づけられていない。「それは理科の生物で」という弁明はよくされるものの、その扱いはわずかに動物の一種としての取りあげ方にすぎず、また今改定の学習指導要領では、その内容さえ縮小されたものになってしまっている。

保健学習のなかに、できるだけ「からだ」の視点を取り込んでいくとともに、これまで養護教諭の人たちが時間を捻出して自主編成してきた「からだの学習」をさらに発展させていくことが望まれる。ここではその場合の、「すばらしいからだ」「すぐれた人間の生体」を自覚させていく場合の教材化のヒントになる視点を紹介することにする。

①からだの情報収集〜感覚器官（目、耳、鼻、舌、皮膚）

人の情報収集装置は、皮膚を除いてすべて頭部顔部に集中している。目、耳、鼻、舌等である。四つ足の哺乳動物では、からだを水平にして移動するが、進行方向の最前線に感覚器官を集中させたつくりになっている。ヒトは、その胴体部を進化の過程で直立（九〇度回転）させたのである。それで見晴らしのいい最頂部に位置することになったのである。

たとえば、小学校低学年に「かおとあたま」の学習をするとすれば、大きく模造紙に図示した顔面図を黒板にはり、このなかに大事な器官がいろいろ納められていることを扱う。考えたり記憶したりする脳、酸素や食べものを取り入れる鼻や口、そして見たり聞いたりする感覚器官である。それらの名称を扱うとともに、それらの働きを確認していく。とりわけ、感覚器官の扱いは、目であれば黒目、茶目、白目があることの確認、黒目はアナ（孔）であり大きくなったり小さくなったりすること、まつげ（ひさし）や眉毛（汗が目に流れないように）の役割、などをできるだけ観察させ、気づかせるようにもっていく。耳については、まず外観をとらえ、いろいろな動物の耳を比較しながら、音を収集しやすくしているすばらしさに触れさせる。中・高学年になると、もう少しくわしく教材化し、「目の見えるしくみ」「耳の聞こえるしくみ」「においがわかるしくみ」「味がわかるしくみ」を、病気の予防（「近視の予防」等）の教材と関連させながら扱うとよい。

また、皮膚は保護組織であるとともに、大事な感覚器でもある。それがなければどんなときに困るか、等を考えさせながら扱うと興味深い教材になる。熱いものをさわったときに温度感覚や痛覚がなければ大やけどになること、などを例にするとよい。触覚を確かめるために、ブラックボックスに入れておいた物にさわってそれが何であるかを当てるゲームをするのもおもしろい。背中に指で字を書いて当てさせるゲーム等もあろう。楽しみながらからだのふしぎ、大事な役割を体験させることができよう。

②からだの司令塔（コントロールタワー）～脳と神経

　脳とはどういうところか、その概要を小学校段階で扱っておきたい。これまでの実践では、学校で「おまえは頭が悪い、バカ！」と冷やかしやいじめ的な扱いを受けている子がいたり、ときには親にまでそうしたいわれ方をしている子がいたりする。そういう扱いを受け、投げやりになっていたり、自分でも「オレはだめなんだ」と思っている子がいたりする。そこで、「人間の頭、そのなかにある脳のしくみは、みんな同じに神様はつくってくれている。それをどう働かせるかだよ」というメッセージを送るために「脳の学習」が教材化されている。「頭がよくなる」っていうことは、脳のしくみと働きがどうなることか、について模型や図や写真を駆使しながら教材構想するのである。とりわけ、さまざまな学習体験が脳の神経細胞の絡みと連結を密にするというところをていねいに扱い、その脳がしっかり働くためには十分な酸素と栄養が必要であること、つまり脳にたくさんの血液が循環していることにも触れる。

　また、脳はからだの司令塔だということで、脳から全身に神経がいっていて、からだを動かしたり、休養をとったりしていることを扱う。そのなかでも脳の命令で手足が動くように、全身の筋肉と脳はつながっていること、しかしさまざまな内臓（心臓や肺、胃や腸、など）は脳（大脳）にまでつながっていないで、勝手に動いている（自律神経支配）ことにも触れる。心臓の働きは、走ったり泳いだりすると自動的に速くなるが、脳でいくら命令しても速くならないことや、胃の働きなども同様であることを扱う。それは、眠っているとき（意識がないとき）でも働いてもらわないと困る（死んでしまう）のでそのようにうまくできていることに触れる。

③からだの姿勢維持と運動～骨、筋肉

動くことが可能な生きものが動物である。野生の動物は動くことによって、えさを確保する。動けない赤ちゃんの動物は親から乳やえさを運んでもらって生きることができるが、歳をとった動物は、子どもが与えてくれるわけでなく、自分でえさを確保できなくなると間もなく寿命が終わる。人間の場合は食を分配するため、あるていど歳をとって動けなくなっても大丈夫であるが、基本的に野生動物は動けなくなると命にかかわるのである。

脳・神経と感覚器の情報網も「動く」ということに大きく関係しているが、姿勢の保持や動くことに直接かかわっている器官は骨と筋肉である。また、発育し、成長していく原動力が骨と筋肉である。その意味でも、これらの基本を教材化することは、子どもたちにとっても興味深いことである。

まず、「骨は生きている」ということを扱いたい。一般に、かたいものは死んでいるもの、生きているものはやわらかい、という観念がつくられている。貝殻は単なる器で生きていないが、そのなかの貝の身は生きているもの、というようにである。しかし、骨は生きているのである。その証は、折れても治るし、成長して大きくなる。歳をとると成長はないし、多少は退化し治るのも遅くなるが、

それでも生きている。骨の内部には血管も走り（骨髄は血球の製造場所でさえある）、栄養や酸素がいっているから成長するし、治る（再生する）のである。また、驚くべきことに、骨の内部で破骨細胞（古い骨の組成を壊す細胞）と骨牙細胞（新しい骨の組成をつくる細胞）が共存していて、常にそれらが働き、二年ほどですっかり新しい骨につくりかえられている、といわれている。骨牙細胞の働きが勝っているのが発育期で、高齢者になると破骨細胞の作用のほうが上回るというわけである。その意味でも発育期に十分栄養をとり、骨牙細胞の作用を高め骨組成を緻密にし、ため込んでおくことの必要が指摘されている。若者に簡単な骨折がおこりやすくなっているとか、女性や中高年者の骨そしょう症が問題になっている状況のなか、栄養や運動の意義ともからめながら骨の大事さ、すばらしさを教材化したい。

筋肉は中学生から高校にかけてもっとも発達の可能性が大きいが、トレーニングの仕方や栄養のとり方との関連で「筋肉の発達のさせ方」を科学的に取りあげると生徒たちは大変興味をもつであろうし、実践的な課題意識につながるであろう。

④いのちのもとを取り込むからだ～酸素ルートと食べもののルート

人間は酸素と栄養を取り入れないと生きていけない。命の存続のためには数分も欠かすことのできない酸素と数日も欠かすことのできない食べもの、である。それを保証する器官が酸素ルート（呼吸器と循環器）と栄養ルート（消化器と排泄器）である。酸素ルートの働きや発達については、中学校の保健学習内容としてあるていど取りあげられている。とりわけ持久力の基礎である心肺臓器の発達は、中学生期にいちじるしいこともあり、そこでくわしく扱うとして、小学生期の学習としては、呼吸数や脈拍数を安静時と運動時で比較したり、個人差があることを確認したり、心臓に耳を当てたり聴診器を活用したりして拍動音を聞くなどしながら、酸素を取り入れ心臓から全身に送り出していることの意味を学習する、ということが大事であろう。

食べものルートの学習は保健の教科書教材にはほとんどないが、大変重要な学習内容であり、「食べものの旅」なり「ウンコの旅」なりの教材化をして、ぜひ扱いたいものである。このルートでは、入り口からの発想からすると、歯の役目、胃での消化、小腸での吸収、大腸での排泄の準備、等々を扱うことになるが、出てくる側からの「ウンコの旅」の発想からすると、ウンコの形（かたさ）や色など出てくるものの違いから消化器の調子を考えたり、食べものの（ウンコになる）時速や腸の長さを調べるなどしながら、消化吸収のすごさや排泄・処理の巧みさを学習させたい。

⑤からだの運送屋さんと掃除屋さん〜血管・血液と腎臓

これは血液ルートと腎臓ルートと考えていいであろう。とくに現代社会、文明国の人間においては、この血液ルートである血管が大変傷んでしまっている。日本人の三人に一人が血管の故障でいのちを落としているのである。このくわしい教材の発想については先に高校での実践にもとづいて触れた（八六〜八七ページ）が、ともかく、このルートが切れたり、詰まってしまえば他の臓器がまったく健康であっても、総体としてのいのちは滅びてしまうのである。その意味で、最近では、血管は単なる通路ではなくて、重要な臓器の一つであるとして考えられてきている。よって、血管も丈夫なものと弱いもの、新しいのと古びたものがあること、そしてそれをいつまでも若々しく保つにはどうすればいいか、といったことを教材化してみる必要がある。また、酸素の運び屋である赤血球も生きもの（寿命は約一二〇日）であり、一定量が必要なこと、骨の中では食べた栄養（鉄分、タンパク質等）をもとにどんどんつくられているということを扱いたい。

また、栄養を吸い取り、からだが使ったカスやゴミは腎臓でより分け、オシッコにして膀胱から外に出しているということも教材化したい。とりわけ、腎臓の役割の重要性、ろ過作用のしくみのすばらしさは、尿検査のこととともかかわってぜひ扱いたい。さらに、このルートとかかわっては、肝腎な臓器ともいわれるように、肝臓のしくみや役割の大事さも扱いたい。とりわけ、栄養の貯蔵や解毒作用については教材化したい。

⑥からだにそなわったガードマン〜三段階のバリア（皮膚、マクロファージ、リンパ球）

私たちは、この一〇年あまり前から「病気とたたかうからだ」というテーマで、おもに小学校の教材化、授業実践を試みてきた（くわしくは数見隆生ほか『保健学習のとびらⅡ』日本書籍、一九九二、千葉保夫『かぜのふしぎ　免疫のだいじ』農文協、一九九九を参照）。この教材は、教科書教材ではほとんど扱われていないが、科学的な保健教育を意図する場合はもっとも基礎的・基本的な教材であると考えている。つまり、長らく家庭でも学校でも、医者の対応でも、風邪のときの対応は処方箋であり、「～しなさい」の域を出るものではなかったからである。予防のためにも、早く治すためにも、からだにそなわった生体防衛防衛の能力をいかに発揮させるか、という発想から、その生体防衛網（三段階のバリア）に関する事実について、驚きとすばらしさを実感させながら学ばせたいのである。

まず、第一のバリアは、皮膚と鼻・口の入り口から奥にかけて敷かれた防衛網である。みずみずしい健康な皮膚表面の角質層は緻密な細胞が敷き詰められてつくられており、病原微生物はまず侵入できない。いかに小さいエイズウイルスであっても侵入はできない。そしてその角質層は、下からどんどん置き換えられ、古い皮膚表面の細胞はどんどん脱落し、皮膚に取りついた病原菌もはがれていく。鼻の入り口には鼻毛があり、鼻粘膜から粘液が出ており洗い流す。その奥（咽頭から気管支）には繊毛がはりめぐらされている（また、皮膚には、物理的な傷害や紫外線等からもガードする働きがある）。

第二のバリアは、そうした入り口のバリアを通過して侵入した病原性のあるものに対する防御である。重要な部署（肺などの臓器）で見張りをしていたり、血液中にいて全身をパトロールしている白血球の一種、マクロファージや好中球には、食菌作用がある。こうしたからだの防衛作用を受けもつ小さい生きもの（細胞）が自分のなかにも存在し、働いているという事実を知るだけで、子どもたちは感動する。手づくり教具や実物の写真等を使いながら具体的に、しかも自分の体験したケガや風邪をひいたときの経験を想起させながら扱うと、とりわけ子どもたちには好評である。

第三のバリアは、それをもかいくぐって、どんどん増えていく敵に対して、やはり白血球の一種である各種リンパ球が活動する。これは大変と考えたマクロファージは、ヘルパーTリンパ球に敵の性質を連絡するとともに、発熱物質を出し、間脳の発熱中枢に作用し、ウイルスの増殖を抑えるために体温を上昇させる。敵の情報を受けたヘルパーTリンパ球は、Bリンパ球に敵の性質に見合った抗体をつくるよう命じる。同時に、もう一つの仲間、キラーTリンパ球にやっつけにかかるように命じる。そのキラー細胞と抗体の働きで病原体はやっつけられる、というしくみである。

こうした免疫のシステムについてもていねいに教具を使いながら説明すると、子どもたちは大変驚き、人体のすばらしさを感じてくれる。こうした免疫のしくみと、寝冷えをして風邪をひいた体験（体温が落ちると免疫の働きがにぶる）の関係や、風邪をひいたときにあたたかくする体験（ウイルスは熱に弱い、免疫細胞は活性化する）を関連させ、自分の免疫（マクロファージやリンパ球）の味方をする（応援をする）にはどうすればいいか、といったことを考えさせてみてはどうだろう。

⑦いのちを生み出すからだ～生殖器官

この教材は、「生命の誕生」や「二次性徴」の学習内容とかかわって、保健学習や保健指導では比較的よく扱われてきた。「生命の誕生」教材では、多くの精子と一つの卵子の劇的な出会いが強調され、「二次性徴」では月経（初経）と射精（精通）という現象のみが扱われる傾向があった。もう少し、半分のいのちのもとである「卵子」と「精子」に注目し、そうしたいのちのもとをつくり出す思春期以降の男女のからだのしくみや発達過程についててていねいに扱う必要があるのではないか。

卵子は胎児期の後半に、すでに原子卵胞最高数（約五〇〇万個）に達し、出生時にはすでに二〇〇万個までに減少し、排卵が起こる時期には五〇万個ていどになっているといわれる。しかし現実に排卵が起こるのは、一生でせいぜい五〇〇個ていどである。思春期になると女性ホルモンの影響で、原子卵胞が月に一つずつ卵子に成熟してくるようになる。進化の過程のなごりにも触れながら、性成熟による健康体の排卵現象について、その意味とメカニズムをきちっと教えるべきであろう。月経を教えることは、不安解消という意味からも必要であるが、むしろいのちを生み出すからだへの成長という観点から、ホルモンと子宮の成熟、乳房の発達も含めて、扱うのがよいと思われる。

男子の場合は、思春期になると精母細胞から大量の精子がつくられるようになり、精通という現象が生じる。それも男性ホルモンの分泌とかかわっていること、どんどんつくられると夢精等によって自然に出てくることもあるが、どんどんつくられて満杯になってもあふれ出るというものではなく、古いものから壊れ体内で吸収されていくものだ、というようなことは、男女ともにきちっと教えるべきであろう。

また、中・高校生段階では、男女の生殖器のしくみは基本的（発生学的）に同じ構造になっていることや、卵巣は体内にあるのに精巣は外に出ていることの意味、勃起の起こるしくみ、等についても合理的な理由（原理）にもとづいていることをきちっと扱うべきだろう。ともあれ、「からだの学習」

としての男女のからだのしくみを踏まえたうえで、受精、妊娠、出産、避妊、性感染症、等々の性教育に発展させることが望ましい。

(3) 保健教材の系統（全体構成）からの教材構想

①「人間のからだ」の系

これは（1）ないし（2）に示した「からだの学習」の内容である。「保健」の枠組みに広げた場合は、そのなかの中軸ないしは基本の内容として位置づくだろうが、先に示したこれらの教材から取捨選択する必要があるだろう。「生きているからだ（呼吸、脈、汗、ウンコ、オシッコ、等）」「からだと心（心身相関、自律神経、等）」「外敵から守るからだ（免疫）」「発育・老化するからだ」「人間の脳」といった教材が中核であろう。

②「人間と性」の系

性の内容は現行教科書にも若干はいってきているが、十分ではない。民間での性教育の内容はかなり実践的に広がってきているし、一つの柱に位置づけるほどの要求と内実がともなってきていると思われる。ここでは（1）の「性とからだ」をこえて、避妊や中絶、性感染症、エイズ、結婚・離婚、売買春問題、障害者や高齢者の性、等も発想してみてはどうだろうか。

③「現代社会の病気と傷害」の系

生活習慣病を中心とした今日的な慢性疾患（ガン、循環器疾患、糖尿病、精神疾患、等）の特徴と背景について、教材化する。交通事故や災害等、今日的な事故災害とその特徴・課題について扱う。

④「健康と生活」の系

この系は、現行教科書では、食生活、運動、睡眠・休養、飲酒、喫煙、薬物乱用、という生活の課題を取りあげているが、もっとそうした生活課題をからだとの関係で扱う必要がある。食生活や運動、喫煙、ストレスといった生活がどうして動脈硬化や糖尿病とかかわるのか、といったことを科学的に扱う必要がある。また、夜勤労働や受験生活とかかわった生活リズムの崩れと健康の関係などもきちっと教材化したい。

⑤「健康と労働・福祉」の系

ここでは、今日の労働の特徴（労働の質的変化、労働条件、環境、生きがい、等）と健康のかかわりについて扱う。また、高齢社会における医療や福祉の現状と課題についても扱う必要があろう。

⑥「健康と環境」の系

足元の身近な家庭や地域の環境から、さまざまに問題となっている化学物質過敏症、ゴミ処理問題、日本や世界の環境問題、そして地球規模の問題まで、二十一世紀をどういう環境にしていくのか、ということを考えられる能力形成が求められてきている。

4. 教材と教具づくりの考え方および子どもに書かせることの意義

(1) 内容・教材・教具の違いについて

この違いについて、食べものを例にして考えてみよう。教育内容というのは、いわばどんな栄養のあるどんな食品を食べさせようか、といったことである。この単元の一〇時間分でどのようなこと（内容）を教えようか、学ばせようかと計画を立てるのは、いわば今週はどんな献立にしようかと計画を立てるのに相当する。どんな栄養をとるためにどんな食品をどのていど食べさせればいいか、という検討である。体育の教育内容でいうと、サッカーであり、バレーボール、あるいはもう少し小さな素材であるキック、パス、フォーメーション、ということになる。保健でいうと睡眠の意義であり、タバコの害、といったことである。

教材は、そうした食品レベルのものを料理し、調理し、おいしく食べられるようにしたものである。いくら栄養のある食材でもおいしくなければ食べてもらえない。食べてもらえなければ栄養にならないのである。しっかりかんで味わって食べてもらう、それが発問であり、調べたり実験したりする作業である。その料理の作業が教材化である。

教具とは、そうした料理の盛りつけ方やさまざまな調味料といったところであろうか。さまざまな視聴覚資料や器具であり、リアルにイメージさせ思考の材料になるような工夫を指す。この教具は、人形であったり、写真であったり、さまざまな模型であったりで、それだけで子どもをひきつける要素はあるが、興味誘発のためだけの教具であっては不十分である。むしろ、何を具体的に考えさせるためにその資料や教具を活用するのか、何をどのように腑に落としめるためにそれが最適なのか、といった位置づけ方や活用の仕方が重要なのである。

(2) 教材づくりと教具づくりの主体性と楽しみ

教材づくりとその授業化にあたっての教具の工夫や活用は、授業をする教師の思想や発想が大事にされたものである必要がある。市販の教材・教具はよく出回っているが、それらを参考にすることはあっても、それを活用することで自分の意図する授業を創出することはできない。何をどう考えさせるためにどんな教具をどう活用すると追究のある授業が可能なのか、そういったイメージを働かせて、手づくりであみ出すといった教師の主体性が教具の具体物に反映し、授業に生きていくものなのである。

そういう「つくる」という創造活動がまた楽しみになっていくことが重要である。子どもの顔や反応をイメージし、どこでどのように使うと効果的か、こんな教具にするとこんな反応があるのではないか、といったイメージを湧かせ、想像力を豊かにしつつ工夫するのである。そうした作業が苦痛になるようでは、有効な教具は生まれない。むしろ楽しみながらそうした準備を行なえるようになっていったときに、授業のなかで教材の世界に子どもを出会わせ、楽しく味わいのあるものにできるのではなかろうか。

養護教諭の場合は、かつては資料の提供者、教具の貸し出し者と位置づけられることが多かった。しかし、授業（指導）にまったく参加しないかたちで、いい資料や教具を準備できるはずはない。また、担任教師が少しも教具づくりにかかわろうとしない、あるいは養護教諭にすべてお任せという意識では、具体性のあるよい授業ができるはずはない。養護教諭にしても担任教師にしても、互いに授業についての交流をし、どんな授業にしたいか、それにはどんな具体物があったほうがいいか、という核心部分においての協力を前提として、教具を工夫しあうことが大事であろう。養護教諭が教具を工夫したら「ちょっと授業を見せて」とか、「一部私がこれを使って説明するから」とか、「このクラスの一時間は私がやってみるから」というようなことがあっていいのではなかろうか。

教具という発想だけでなく、学校中の職員や親、地域の人を授業に活用する考え方もある。喫煙の授業や心の発達の授業で、学内の教職員をインタビューの対象に位置づけた授業実践もある。前者では、喫煙の有無、一日何本か、かつてはどうだったか、おいしいのか、どうしてやめたか、なぜ手を出さなかったか、等々の質問である。後者では、先生の思春期はどうだったか、好きな人はいたか、告白できたか、交際はうまくいったか、ふられた経験は、親に反抗したか、等々、これもなかなかおもしろい取材になる。生命誕生の授業で妊娠中の先生や親の話を聞いたり、おなかの心音を聞かせてもらったりする試みはよくなされることである。また、自分の出生のルーツ（母体内にいたときの話や赤ちゃんだったときの様子）を母親にインタビューしてきたり、母親に手記を書いてもらって授業に生かす、ということもよくなされてきた。これらもその発想が大事である。

これからは地域のお年寄りや保健関係の人、難病をされた経験者、等々、学びを組織するために、地域のさまざまな教育力を生かし、工夫していくことが重要と考えられる。だが、そうした生かし方の基本は、子どもにどんなメッセージを送りたいのか、という教師の教育観にあるといえるだろう。

（3）授業観と教材・教具の考え方

さまざまな教科の授業でもいえることであるが、とりわけ保健の授業は具体的でなければならない。からだや健康上の事実を確認しながら授業を展開していくにしても、そうした事実から問いを発し考えさせていくにしても、腑に落ちる、納得させる話を展開するにしても、口でいうだけの言語的なものではイメージが十分湧かなかったり、具体的に思考することが困難であったりする場合が多い。それは、授業は具体的であるほうがわかりやすいというだけでなく、子どもたちを具体的な事実でもって考え、吟味し、自分なりの意見をもてる人間に育てたいからである。

そうした授業をするためには、さまざまな教具（模型など）を工夫したり、写真、統計資料、視聴覚教具（カセットテープやビデオテープ）、実験、観察、等々があるわけだが、最近の一つの傾向として、教具づくりが一人歩きしている状況もみられる。性教育で生命誕生を教える赤ちゃん人形などは、その典型であろう。ある養護教諭たちの官制ブロック研究会での一年間の研究テーマが「保健指導のための赤ちゃん人形のつくり方」だったという話を聞いたことがある。たしかにそういう人形を持ち込む具体性は大事だが、それを見せて抱っこさせて終わりという使い方や、興味・関心をもたせるため、というのでは不十分である。何を認識させるために、どう活用するのか、ということの検討こそが重要である。

教材の準備の大半は教具づくりだったというのも本末転倒であろう。消化器や腎臓などの模型も、最近では布と綿を使って上手につくられたものを拝見することがある。しかし腎臓などの見事なろ過装置は、そんなに簡単につくれるものではない。外形だけまねてつくって「こんなのだよ」という紹介だけに終わるなら大した意味はない。場合によっては、表面的で、実質とはかなり違った認識を育てるかもしれない。むしろ、ろ過装置の内実（しくみ）を説明する図（絵）や写真のほうが、機能のすばらしさを実感させられるかもしれない。

要は、どんな授業をしたいのか、ということと、教材・教具の考え方は大きくかかわっているということである。先述したように、知識の伝達型の授業で、教師がしゃべり、板書する、それを子どもたちはノートに写すといったことが中心の授業であれば、ほとんど教具は不要である。しっかり考える授業がしたい、みんなでイメージをふくらませ、過去の経験なども生かしながら事実でもって追究させる授業がしたい、わかりやすい授業がしたい、楽しくて魅力的な授業がしたい、というような授業像があって、はじめて具体物や教具が必要になってくるものである。

少し具体的にいうと、教材・教具の生かし方には二つの視点があると考えられる。

一つは、授業の核となる「発問（問題）」を具体的なイメージをふくらませてとらえさせ、思考をしやすいように生かすことである。先述した砂糖水とレモン水につけた抜歯の実験の提示がそうである。そこから発問を誘発していくのである。赤ちゃん人形も母親の胎内でどのように生き、生活していたのか、へその緒や胎盤のついた胎児人形であれば考えさせる材料として有効であろう。写真を活用したり、新聞記事や統計的なグラフを見せたりと、具体物にもさまざまある。すべてが、そこから何を考えさせ、追究させるのか、これこそが重要であり、それを具体化する手段として教材・教具が有効なのである。

もう一つは、検証し、腑に落としめ、深い納得に至らせるための具体物として生かすということである。「それでは検証してみよう」と実験的な授業が仕組めるような場合はいいのだが、保健教材でそういうことが可能なものは少ない。その場合、研究者の実験データがあればその事実を資料で見せるていどのことはできるだろう。簡略化した模型でその原理を納得させるとか、実物の写真で確認させるとか、事実のデータや資料で説明する、などがあろう。免疫など、目に見えない体内の微生物の世界を説明する場合は、マクロファージやリンパ球の働きを示す手づくり教具や拡大写真、あるいは映像なども、やはり有効であろう。ウイルスなどの病原体や虫歯菌ミュータンスなどの存在を示すときも同様である。ただ、むやみに写真や教具を拡大して見やすくすればいいということでもないだろう。胎内の赤ちゃん（胎児）などを示す場合は、できるだけ実物大で示し、よく見えないときは黒板の前にこさせて確かめさせる。というような扱いも大事なことである。

ともあれ、どういう意味で教具を活用するのかは、よく考えられなければならない。また、虫歯予防の教材等では、よく擬人化ということがなされてきた。たとえば、ヤリをもった悪魔がそれで歯に穴をあけていくとか、ヤリではなくドリルであった時代もあった。幼少期での扱いの場合、よりイメージしやすい有効な方法であるが、それはいずれ科学的な事実での認知に置き換えられていかなければならないことであり、その意味でもあまりにも事実に反するとか、事実と異なる方向での擬人化、イメージ化にならない配慮は必要であろう。

(4) 子どもに授業でのまとめ（感想）を書かせる意味

私たち宮城の教師仲間と取り組んできた保健の教材づくり、授業実践では、多くの場合授業直後に子どもたちにそうした授業のまとめ（感想）を書いてもらうことにしてきた。なんとなく書かせているようであるが、よく考えてみるとやはりそこには重要な意味をもたせていたことがわかる。その理由には、大きく分けて二つある。

一つは、教師にとって意義があるからである。こうした教材は子どもにどういうふうに受けとめられたのか、教師としては、子どもたちにとっての教材価値を考えて工夫した構想であったが子どもたちはおいしく食べ、栄養にしていってくれたのかどうか、授業をしての感触だけではもう一つよくわからないからである。教材や授業のよしあしを再検討し、課題はなかったのかを考えるとともに、次時からの授業の組み立てや発展のために貴重な資料となるから書いてもらうのである。

もう一つの理由は、子どもたち自身が書くことをとおして学んだことを確かめ、その意義や認識を定着させるために有効だということである。教師の発問を軸に、クラスの仲間がみんなで考えあった内容が、どれだけ自分の理解になったたか、それを改めて自覚させることになるからである。学習したことと自分のからだや健康状態、生活のあり方とのかかわりを見つめなおしたり、からだへの慈しみの気持ちを育てたり、健康実践への意欲をかきたてたり、その意志を表明する機会にもなりうるのである。自分の健康だけでなく、仲間の健康や家族の健康を考えたり、環境問題等にも視点を向け考え始める機会にもなる。

ことばの世界だけでは意識に深くはいり込むことはむずかしい。調べさせたり、書かせたりという営みをもできるだけ組み込んだ授業構想をもつことが重要であろう。千葉保夫さんの授業後の子どもの感想には「～は大変重要な役割をしている」ことがわかりました。だからすばらしいしくみになっているんだなあ、と思いました。これからは必ず～をして大事にしていきたいと思います」というようなことが書かれている。つまり、子どもたちが書くこと自体のなかに教育的意味をもたせているのである。また、そうした感想のなかにあるすぐれた受けとめ方をクラスのみんなに返していくことよって、その意義はいっそうふくらむことになる。

私自身も大学での「人間と性」という講義の際に、受講者は約一五〇名と多いのだが、最後の一〇分間をとって講義の中身をどう受けとめたかについて書かせることにしている。先に述べた二つの観点からだが、とりわけ「性」に関する若者の意識差は大きく、受けとめ方も多様である。教師としての授業の反省や課題を明確にするとともに、次時への教材づくりに大いに参考になるし、学生自身が自分の問題として性を受けとめる重要な役割も果たしている。重要な感想や疑問は次時の最初にとりあげてコメントし、またこうした学生の考えたことを最後に冊子にしてまた返していくということを行なっている。

第3章
宮城の仲間と取り組んできた保健の授業

私は、一九七二年ごろから宮城保健体育研究会で保健の授業実践に取り組んできた。この会は中森孜郎先生が宮城教育大学に勤め始めた一九六〇年代の末に組織し、私が赴任したときには活発に会が運営されていたが、七二年に私も入会し、体育だけでなく保健の授業研究もやろうということで始まったのだった。初期のころは三浦良喜さん、その後千葉保夫さん、吉田茂さん、そして加藤修二さんといった、いずれも小学校教師が保健の授業にも取り組むことになる。そのなかでも一貫してこの三〇年ほどの間、保健教育に打ち込んできたのは千葉保夫さんである。ここでは、おもに彼とかかわりながらやってきた保健の授業の考え方について述べてみたい。

1．保健の教材づくり、授業づくりにかける私たちのねがいと発想

(1) 教材と授業にこめる教師のねがい～教育の仕事としての保健の指導

①いのちやからだを大切にする子どもになってもらいたい。いのち・健康をみんなで守り、育てあう学級づくりをしたい

私たち宮城保健体育研究会に集まった仲間は、もう三〇年も前から保健体育の実践、いや教育の根

底にこの思想を大事に位置づけてきたように思う。教師の仕事の根底にこういうねがいが存在してきたといっていい。教育の仕事を単なる読み、書き、算を中心とした学力形成に限定しないで、子どもたちのいのちやからだ、健康をはぐくみ、大切にしあう関係を育てることこそ根底になければならないと考えてきたのである。

もっとも初期の実践にあたる三浦良喜さんの実践、「鼻と健康」（一九七二年）の授業では、アレルギー性鼻炎（当時はまだアレルギー疾患の子は少なくあまり問題になっていなかった）で鼻ばかりかんでいる子が、クラスメイトから「鼻！鼻！」とからかわれ、今でいういじめにあっていた。教師は当初、「からかってはだめ！」と他の子どもたちに注意を喚起するような指導だけをしていた。しかし、なかなか改善されなかった。彼は鼻炎について教材化し、鼻の大事さを教えることをとおして、本人自身にもがんばろうというメッセージを送りたいし、他の仲間にも本人の大変さと鼻が悪くなったときに鼻をかむことの大事さと誰もがなる可能性のあることを伝えたいと考えたのだった。私の大学に相談にきて、一緒に教材研究をし、授業実践に臨んだ。

四年生の「鼻と健康」の教材を三時間扱いで実践する授業構想を立てた。ここではその詳細な紹介は省くが、私にとっても小学校における保健の授業実践は初めての経験であり、大変印象深い取り組みにかかわることができたのだった。鼻はどんな大事な役目をしているか、そのためにどんなつくりになっているか、その鼻が病気になるというのはどうしてなのか（大事な鼻にとって、敵になるものは何か)、どうしたらその大事な鼻が守られるのか、そういったことを深く教材研究して授業に臨んだ。子どもたちにも鼻に関する疑問をできるだけ出させ、それらの主要な疑問に答えるかたちで授業は展開された(ここで出た疑問は四二ページ参照)。柔軟な思考のできる子どもの時期に、このようなからだの学習をしっかり位置づけるべきだと教えられたのだった。この授業では、子どもたちは自らの体験にもとづいて多様な意見を出し、からだの認識として深めていったのだった。

②子どものからだや健康の現実・意識から、こんなことをどうしても教えたい

千葉保夫さんも一九七三年ごろから保健の授業実践に精力的に取り組むようになる。彼の実践の多くも、三浦さんにならって、自分のクラスの子どもの健康実態から感じるものがあると教材化し、授業実践に取り組むというスタイルであった。そのいくつかをあげると次のようなものがある。氏の最初の実践は「ウンコと健康」(一九七六年)である。排便を四日もしていない子が、授業中に激しい腹痛を起こし、苦しむその子をトイレに連れていって二〇分ほどもトイレの外で「どうだ、出たか、大分よくなったか」と心配しながら励ました事件があった。それから毎朝、「みんな、ウンコしてきたか」と問うようになったが、半数近くもの子が毎朝していないという現実がわかり、それから教材化が始まった。この教材化や授業の特徴についてはのちにくわしく紹介するが、排便と健康に関する教材化は、これ以降「ウンコの旅」というかたちで全国的な自主編成実践として広がっていったのだった。

千葉さんの他の実践も、次のようにほとんど子どものからだや健康事実に対応して教材化され、生み出されたものであった。

・前年まで一・〇であった視力を、一年間で〇・三まで落としてしまったK君の事実を知って、担任として守ってやれなかったことを悔いながら、目を守る力を育てなければと取り組んだ「近視のからくり」の授業。

・お父さんが急性腎不全で亡くなった子から、葬儀の際に「どうしてオシッコが出なくなるの？」と聞かれ、学校でも健康診断時に尿検査をしていながら、そのことの意義について何もメッセージしてこなかったことを反省し、「腎臓の大切さ」を教えたいと思って教材化した「オシッコってなんなの？」の授業。

・抜けた乳歯を持ってきて、「どうして根っこがないの？」といってきた子の質問に答えられず、それまでやっていた虫歯の授業だけでなく「なぜ生え代わるのか」「どうして一度だけしか生え代わらないのか」「歯はどうして骨のように治らないのか」といったさまざまな疑問に答えるために取り組んだ「歯の生え代わり」の授業。

・親や兄から「どうしておまえは頭が悪いんや」としょっちゅういわれ、気にしている子どもを励ます意味で「誰も脳のしくみは同じようにうまくできている」ということを扱いたいと考えて教材化を進めた「人間の脳」の授業。

・プールでそれまで泳げなかった子が「どうして人間は魚のように水のなかで息ができないの？」と疑問を呈したことがキッカケで、肺とエラの違いに注目して教材化した「息をするからだ」の授業。

その他、Ｏ‐１５７の流行時にその怖さだけが流される風潮のなかで扱った「Ｏ‐１５７ってなに？」の授業や、インフルエンザの流行にその体験を出し合いながら「どうしてかぜは治るのか」を扱った免疫に関する授業、ケガ（傷）の治っていくしくみをみなで予想し、観察した「傷の治るしくみ」の授業、等々、常に子どもとのかかわりのなかで出されてきた大事なからだのことを教材化してきたのだった。

③子どもの疑問を大事にしつつ、それを共通の学びの場（土俵）づくりにしたい

健康の問題は、基本的にはプライベートな個人的問題であることが多いが、それを教育の課題にするということは、個人的な対処の問題にとどめないで（プライバシーにかかわらないかたちで）、共通の土俵に乗せ、意味ある学びあいにしていくことだといえる。一人の子どもからのからだへの疑問であったり、一人の子どもの健康事実（視力の悪化、排便していないことからの腹痛、喘息、アトピー症、等）であっても、それが子どもたちの共通の課題になることであったり、やがては誰にもかかわってくる課題であったり、からだの知恵になる事柄であったりするような場合は、教材化し、授業として学びのまな板に乗せ、土俵に乗せ、一緒に料理をして味わってみたり、共通の土俵で取り組んでみたりということが必要だと私たちは考えたのである。

子どもからの疑問やふしぎをきっかけとしながらも、さらに教師が教材研究を深め、「目は二つあるのにどうして一つにしか見えないの？」とか「ウンコはどうしてかたいのとやわらかいのがあるのだろう。どういうときかたくて、どういうときやわらかいかな？」『トマトを食べてもウンコの色が黄色いのは？」「風邪をひくと熱が出るのはどうして？」といったように、子どもたちとともにからだとか健康にかかわる疑問を掘り起こし、それを解明し、納得していくかたちでの授業づくりをイメージし、追究してきたのであった。

(2) からだの事実にこだわる～生体現象への着目

先にも若干紹介してきたが、わたしたちが教材研究を深めていく場合にこだわってきたのは、日常生活のなかで示すからだの事実、生体の諸現象についてであった。その典型が、「ウンコの授業」なのだが、そのほかにも、オシッコであったり、汗であったり、鼻汁、せきやクシャミ、発熱であったりした。こうした発想からの追究こそ、まさに日常の健康に生きるための判断力の指標になるものであり、「生きる力」を身につけさせる教材と考えてきたからだった。

また、こうした生体の現象をよく観察したり、経験を想起させ、疑問を誘発させると、多様な疑問やふしぎが出てくる。ウンコの場合は、色やかたさ、におい、量、どのぐらいの間隔か、食べたものや量との関係、冷たいものを飲食したとき、腐ったものや悪いものを食べたとき、運動不足やストレスなどがあったとき、さまざまに思考する観点と事実がある。また、ミルク中心の赤ちゃんのときの便、他の動物の便、との比較の観点もある。こうした経験に照らしあわせて疑問や思考の課題を多様に出しながら、それと胃や腸のしくみ・働きの理解と絡ませていくとき、それぞれの疑問への納得と生活課題への展望が生まれてくるのである。

排便の教材だけでなく、虫歯、風邪、その他の教材の場合でも、私たちはできるだけまず事実を観察させたり、体験を想起させたりしながら、事実にもとづいて考えさせるための問いを発していくようにした。

ウンコの観察も小学校四年生では嫌がらずに行ない、いきいきと授業のなかで観察したことや生活やからだの調子との関係等について発言した。歯の授業でも、手鏡で自分の歯を観察し、どこにどんな歯があり、虫歯はどうなっているか、歯ぐきはどうか、といったことを図に記入させることから授業にはいっていくのである。そして、どこに虫歯ができやすいのか、みんなの事実で確認し、それはなぜか、また穴があいていくのは何の作用によるのか、といった学習に展開していく筋道である。近視の場合でも〇・三というと黒板のどのていどの字が後部座席で見えるのか、といったことを確認しながら、どうして小さい字が見えにくくなるのか、からだの目のしくみとかかわらせて考えさせていくのである。風邪の教材の場合も、ほとんどの子が体験しているわけで、どんな症状が出たか、そのときどういうことに気をつけたか（親はやってくれたか）、といった事実に目を向けさせ、それはどうしてか、というかたちで突っ込んでいくのである。

とにかく、授業というものを観念的で抽象的なもの、記憶中心の暗記的知識にしないこと、また逆に行動パターンだけをしつけていくような習慣形成的なものにもしないで、事実にもとづいて自分の頭で考え、納得しながら自らの行動を選択し判断していけるような学習が大事だと考えているのである。

2．私たちのつくってきた保健の教材群とその発想

（1）「生きた保健教材」の発掘と創造

私たちがこれまで取り組んできた小学校での保健の授業実践では、前述のような子どもとの日常的な向きあい方と、そうしたなかから「生きた教材」を生み出し、事実にもとづきながら子どもをゆさぶっていく授業観を前提にしてきたことを述べた。しかし、そうしたゆさぶりをして、追究のある授業にし、子どもの生きた能力にしていくためには、子どもを学習の主体にしていく掘り起こしと、子どもにしっかりと深く考えさせるために、教師が深い学びをしていることが前提である。つまり、そ

の教材の背景にある保健の科学や文化に対する深い理解と納得についてである。

要約すると、保健の教材研究という場合に、二つの方向があるということである。一つは、その教材と学習を受ける子どもたちとのすり合わせである。その教材に関する子どもたちの体験や現実、そして既知や関心、疑問等についての掘り起こしが必要である。千葉保夫さんのように子どもとの日常的なかかわりから「どうしても教えたい、教えないではいられない」という教材が自然に湧いてくる教師もいる。しかし彼は、一人の子どもの問題であっても全員の子どもの現実や意識とつき合わせ、教材化への見通しを描いて判断する。そして、多くの場合、彼はその教材とかかわった内容に対する疑問やふしぎを意識させ、書かせる作業をしてきている。それは、すでに授業（教材）の世界への導入にもなっているのである。

もう一つの教材研究は、その教材の世界に教師が疑問や問いをもち、自分の教養・知識を深めるためのものである。千葉保夫さんはその教材の背景の科学的事実について疑問やわからないことがあると、直接医学部に出かけて質問をしてきたり、手紙に質問を書いたりして本質的なものを追究しようとするぐらい熱心である。子どもたちから「ウンコ博士」とか「歯の博士」と称されるほどの教材研究をし、子どもの多様な疑問を受けとめることができるようにする。自らの感動しながらの学びが、子どもたちに伝わっていくのである。

(2) 私たちがこれまで取り組んできた実践からの保健教材の構造

「実践」という概念は、単に何かに取り組むということではない。一定の課題意識のもとに、意識的な教材づくりと授業構想をもって取り組んだものである。私たちが宮城の小学校教師仲間と一九七〇年代から八〇年代にかけて取り組んできた実践の特徴について、紹介しよう。実践の教材を整理すると次の五つに分類することができる（次ページ一覧表参照）。

①「ヒトのからだ、人間のからだ」に関する教材

これは、理科の生物教材に位置づいてもおかしくない教材である。ただ日本の生物教材では、人体に関する教材はほとんど正面から扱われてこなかった。私たちはあくまでも保健の観点から、近年主張されてきた「人間らしいからだの特徴の部分に出てきている歪みや発達課題」を意識して取り組んできたものである。たとえば、手の不器用、背筋力の低下、背骨や背筋の歪み、腰痛、朝会での脳貧血、土踏まず形成のおくれ、等である。こういう現実に対応して、人間らしいからだに成長するとか発達させる、とはどういうことかということを教材化してきた。

代表的な実践には「人間のからだの特徴」（樫村恵三「学校体育」一九八一／八・九）がある。この授業は、小学校六年生に八時間かけて取り組んだものである。人間らしいからだにはどのような特徴があり、それはどのように形成されてきたか、そうしたからだに発達させるためにどういうことが

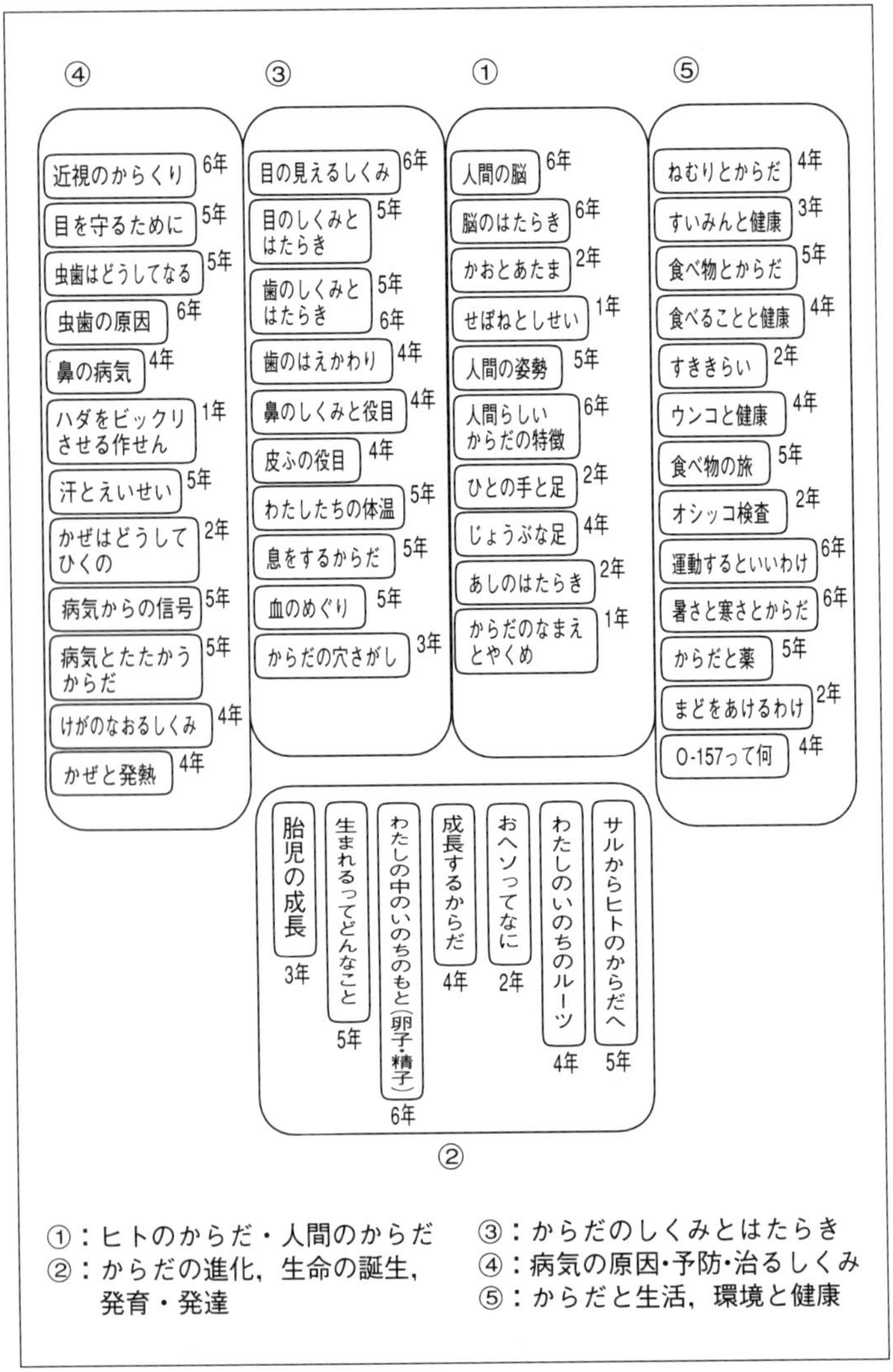
④
近視のからくり 6年
目を守るために 5年
虫歯はどうしてなる 5年
虫歯の原因 6年
鼻の病気 4年
ハダをビックリさせる作せん 1年
汗とえいせい 5年
かぜはどうしてひくの 2年
病気からの信号 5年
病気とたたかうからだ 5年
けがのなおるしくみ 4年
かぜと発熱 4年
③
目の見えるしくみ 6年
目のしくみとはたらき 5年
歯のしくみとはたらき 5年 6年
歯のはえかわり 4年
鼻のしくみと役目 4年
皮ふの役目 4年
わたしたちの体温 5年
息をするからだ 5年
血のめぐり 5年
からだの穴さがし 3年
①
人間の脳 6年
脳のはたらき 6年
かおとあたま 2年
せぼねとしせい 1年
人間の姿勢 5年
人間らしいからだの特徴 6年
ひとの手と足 2年
じょうぶな足 4年
あしのはたらき 2年
からだのなまえとやくめ 1年
⑤
ねむりとからだ 4年
すいみんと健康 3年
食べ物とからだ 5年
食べることと健康 4年
すききらい 2年
ウンコと健康 4年
食べ物の旅 5年
オシッコ検査 2年
運動するといいわけ 6年
暑さと寒さとからだ 6年
からだと薬 5年
まどをあけるわけ 2年
O-157って何 4年
②
胎児の成長 3年
生まれるってどんなこと 5年
わたしの中のいのちのもと（卵子・精子） 6年
成長するからだ 4年
おヘソってなに 2年
わたしのいのちのルーツ 4年
サルからヒトのからだへ 5年
①：ヒトのからだ・人間のからだ
②：からだの進化，生命の誕生，発育・発達
③：からだのしくみとはたらき
④：病気の原因・予防・治るしくみ
⑤：からだと生活，環境と健康

私たちの取り組んできた小学校における保健授業の実践

大事かを自覚させることをねらったものである。

内容としては、「人間のからだの特殊性」（二時間）「直立姿勢の獲得」「人間の脳」「肋骨と背骨の役割」「人間の手」「人間の足」「人間らしいからだへの成長」（各一時間）であった。「人間のからだの特殊性」ではポルトマンの『人間はどこまで動物か』をもとに、動物界における人間の特殊性と発達可能性について、さまざまな図や写真（手づくり教具）を活用し、考えさせたり、作業（人間と他の動物の親子の顔とからだつきを絵にかかせるなど）をさせたりしながら展開している。他の教材では、直立二足歩行を軸に特殊化（人間化）した脳、背骨、肋骨、手と足、背筋と腹筋、血液の流れ、などを扱い、そのことの意義について扱っている。そして最後の「人間らしいからだへの成長」では、近年子どものからだに現われてきている諸問題について提起し、その克服のための課題としての「人間らしい生活」の取り戻しを考えさせている。

②「からだの進化、生命誕生、発育・発達」に関する教材

この実践はそれほど多くないが、時間軸で人間のからだをみたものである。「生命誕生」の教材は性教育の実践としてあちこちでなされているが、ここでは自分のいのちのルーツを自覚させることをねらっている。私たちの取り組みでは、この内容として「わたしのいのちのルーツ」（現在から出生時までさかのぼり、さらに母体内での胎児、受精卵へ、そこから両親、祖父母へといのちの連鎖まで）、「生まれるってどんなこと」（妊娠から出生までのできごとを父母の手記にもとづいて展開）、「胎児の成長」（母体内での胎児の生存・成長、そのための栄養や酸素の摂取、排泄は？）、「わたしの中のいのちのもと」（卵子・精子）、などを扱ってきた。また、「中学生期のからだの発育や発達」「思春期の心の発達」に関する教材にも挑戦してきた。中学校教師のメンバーが少なく、十分な追究になってはいないが、重要な教材だと考えている。

③「からだのしくみとはたらき」に関する教材

この実践に私たちはかなり早い時期から多様な取り組みをしてきた。そのおもなものに、「鼻のしくみと役目」（四年）、「目のしくみとはたらき」（五年）、「歯のはえかわり」（四年）、「皮ふの役目」（四年）、「血のめぐり」（五年）、「わたしたちの体温」（五年）などがある。これらは、「病気の予防」に関する教材とセットで教材構成されてきた。「鼻と健康」「近視のからくり」「どうして虫歯になるのかな」「傷はどうしてなおるか」といった教材とである。

これらの実践のうち、もっとも最初の実践である「鼻と健康」の授業（三浦良樹「学校体育」一九七三／十一）は、先の「教材にこめる教師のねがい」のところでも紹介したが、ここでは教材構成の特徴についてのみ紹介することにする。この実践は、四年生に三時間かけて取り組んだものである。授業の構成としては、鼻を「呼吸という生命活動の出入り口」としておさえ、「呼吸の重要性と鼻の役目」「鼻のしくみと働き」「鼻の病気とその予防」で構成した。実践上の工夫としては「鼻と口ではどちらが呼吸するのにいいのだろう、鼻だけ口だけで一分間呼吸してみよう」といった実験的たしかめ、「鼻毛はなぜあるの？　鼻の奥はどうなっているの？」といった問いかけ、をもとに具体的な教具（写真や模型等）を活用して展開していった。子どもたちが、授業過程における科学的な事実（鼻毛、粘膜や粘液、ヒダ状に広がった鼻の奥の構造、のどの奥の繊毛の役目等）の学びと自己体験や自分のからだの事実とむすびつけて、鼻という一つのからだの部位も大事な生命活動のためにうまくできている、ということを感じとっていく展開であった。

④「病気の原因・予防・治るしくみ」に関する教材

この群の教材には、先に示した③群とセットになる教材（鼻、目、歯、耳、等の病気に関するもの）のほか、「病気とたたかうからだ」（五年）、「けがのなおるしくみ」（四年）、「かぜと発熱」（四年）などがある。これらの実践では、病気をひきおこすもと（原因）になるものと、からだの側のそれから守る働きをするもの（免疫等）との攻防や経過を軸にしてわかりやすく展開し、私たちがどういう生活や行動をすることが私たちのからだにそなわった「守る働き」の味方をすることになるのか、というかたちで構想している。

⑤「からだと生活、環境と健康」に関する教材

この群の実践には、「ねむりとからだ」（四年）、「ウンコと健康」（四年）、「食べることと健康」（四年）、「運動するといいわけ」（六年）、「暑さや寒さとからだ」（六年）などがある。環境といっても暑さや寒さといった自然環境への適応という観点でしか取り組めていないが、今後人間のつくり出した人工的な有害環境とからだの関係についても取り組んでいく必要がある。千葉氏の「ウンコと健康」については後述するが、「食べることと健康」の実践（加藤敬三「子どもと教育」一九八四／十二）は、ここでややくわしく述べてみたい。

この実践は四年生に三時間かけて行なったものである。クラスの子どもたちの食生活が以前と随分違ってきているが、これでいいのだろうか、親ともども見直し考えてみよう、という教師の発想から出てきたものである。三度の食生活がいいかげんで、さまざまなおやつを食べ、栄養のとり方が心配というだけでなく、運動会や遠足にも弁当屋さんで買ったものを持たせてくる、ということがとても気になったのだった。また、家でもどうも家族そろって食べる食事になっていない子もいるようだし、朝食抜きの子もいるなど気になっていたのだった。

こうしたことから、この授業の三時間目を保護者参観にぶつけ、三時間で構想した。一時間目は「昔のおやつと今のおやつ」、二時間目は「なぜ人間はなんでも食べる必要があるか」、三時間目は「喰う（食餌）と食べる（食事）の違い」であった。

一時間目のおやつに関する授業では、親や祖父母の子どものころのおやつと今の子どもが食べているおやつを調査し、その代表的なおやつを教室に持ち込み、どういう点が違うかを比較検討し、現在のおやつの問題や課題を明確にすることがねらいだった。この授業では栄養士さんにも参加してもらい、問題点を明確にしてもらうことにした。

二時間目の授業では、「肉食動物は肉類を草食動物は草類ばかりを食べていて大丈夫なのに、どうして人間はいろんな食べものを食べろといわれるのか」ということから授業は展開された。人間は食の素材を保存したり、加工したり、火を用いてさまざまな料理法を考えたりして、多様なものを食べることができるようにしてきたこと、そのことでほぼどこでも飢えを少なくして生きることができるようにしてきたこと、しかし同じものばかりを食べていると栄養がかたよるようになったこと、については、ここでは扱っている。

三時間目は、子どもたちに昨日の夕食の風景（食卓にのっている食べもの、一緒に食べている人の様子）を絵に描かせ、おいしかったかどうかの感想を書かせることから授業を展開した。「動物（ブタや牛）が群れでえさを喰う」のと「人間が何人かで一緒に食べものを食べる」ことの違いを考えさせ、絵と比べながら人間の食事のあり方について考えさせた。この三時間目は保護者参観の日の授業にあて、授業後の保護者会の話題にも発展させた。

3．千葉保夫と加藤修二の実践から学ぶこと

私が保健学習とか保健指導とかに興味をもち始めた背後には、学ばせてもらった多くの実践者がい

る。すでになくなられた方では、佐々木賢太郎氏（和歌山）や小関太郎氏（山形）がいる。どちらも土着の教育実践家というか、地域に生き、子どもとともに生活し、生活に根ざした発想で実践を積み上げてきた方たちである。生活つづり方のリアリズムが感じられた。

「ウンコの授業」や「からだの穴探し」といった教材発想は、こうした人たちから学んだものであった。ほかにもがんばっている実践家は何人かいるが、ここでは千葉保夫さんと加藤修二さんの二人の保健授業から学んできたことについて、彼らの典型的実践を紹介しながら、その特徴とポイントについて整理してみよう。

(1) 千葉保夫の保健授業から学ぶ～教材づくりの発想

先にも触れたが、千葉保夫さんの保健授業の出発は、一九七六年の「ウンコと健康」であった。そのきっかけは子どもの実態であった。彼はこの二〇年ほどの間に、このテーマで何回か実践を積み重ねてきているが、ここでは初期の実践を中心に紹介し、その特徴を整理してみたい。

この最初の実践を全国教研（一九七七年）の「能力発達分科会」に報告したところ、助言者だった田中孝彦氏は次のように論評している。

これまでも、子どもの身体発達や生活上の問題に対して、遊びや他の能動的活動を組織したり、生活習慣の確立を図っていく取り組みはあったけれど、「子どもを自分の身体・健康の主人公に育てるという課題をこれほど明確に意識した学習（授業）への取り組みはこれまでになかったのではないか。私たちは、子どもたちの生活・学習の意識を高めるという場合における、子どもを自分の身体・健康の主人公にすることの根本的な重要性を、この実践から深く把握する必要があると思う」と述べ、「生活・学習の意欲と健康状態の必然的な関連、生活・学習の意欲的な主体を育てることと、身体・健康の自主的な管理能力を育てることの必然的な関連」に注目する必要を論じている。（「国民教育」三二号）

ここでは学習主体と健康主体の関連性、ないしは生活・学習意欲とその土台としての自己健康管理能力との関連について述べているが、むしろ私たちは前半の文章にある「身体・健康の主人公に育てる」こと、つまり「健康に生きる能力形成」そのものを他の教科認識を育てることと同レベルで追究したのだった。まず、その実践の事実の概要から紹介することにする（『保健体育の授業』大修館、一九七九）。

千葉保夫さんは、この実践をかわきりに、さまざまな保健授業の創造に取り組んできたが、排便に関する授業実践だけでも学年をかえて積み重ねてきている。

まず紹介する実践は、四年生に三時間かけて取り組んだ初期のものである。実践のきっかけは、前にも述べたとおりだが、ややくわしく述べると、朝の排便を定期的にしていない子が多く、ときどきお腹が痛いと訴える子がいたが、ある朝のホームルーム時に激しい腹痛を訴える子がいて、トイレまで連れていき二〇分ほど外で励まし続けた結果、四日もウンコをしていなかったことがわかり、それでやっとすっきりしたという子どもとの体験だった。子どもたちは、おいしいものを食べることには関心があるが、出すこと（排便）には意識がいっていない。つまり、からだは栄養をとることは不可欠だが、代謝をすれば必ず老廃物ができ、それを排出しなければならないのだ、ということをきちっと教えなければならないと考えたのだった。

内容構成の発想としては、授業前数日間のウンコを点検させ、便にはやわらかいのとかたいのがあること、色も黄色いのからこげ茶色のものまであることを意識させ、どういうときにどういう形や色になるかを考えさせること。そして、そのことと関連させながら、食べたものがどこを通ってどこでどうなって、どのくらいの時間をかけて便になるのか、「ウンコへの旅」ということを学ばせる。さらに、便秘や下痢など排便の状態がおかしくなるときというのはどういうときかを考えさせ、健康状態との関係について学ばせる。

三時間の教材構成は、「ウンコの形と色」「ウンコへの旅」「下痢と便秘」であった。展開上の工夫としては、まず授業にはいる前の一週間、自分のウンコ観察をさせ、点検用紙につけさせる。

一時間目では、それをもとに色と形を取りあげ、疑問を誘発させていく。「～君は昨日の夜は何を食べたの、今朝は?」「白いごはんや赤いトマトを食べたのに、どうして黄色いウンコが出てきたのだろう」「〇〇君は最初のほうに出てきたのはこげ茶色で後半は黄色のウンコだったといったけど、それはどうしてだろう」といった問いをぶつけて考えさせ、意見をいわせながら「どこかのからだのなかで黄色い色をつけるところがあるのではないか」「からだのなかに長くあると腐って色が抜け、黒っぽくなるのではないか」という意見が出され、次時の「食べものの旅（ウンコへの旅）」に発展していった。形のほうも、「どういうときにカチカチ状になった？　どういうときに水状になった？」という問いから、「食べすぎたときや冷たいものを食べたときなどに下痢をした」とか「悩みごとなどあったとき便がでなかった」といった反応から、「それはどうしてだろう」と腸の働きとの関係（次時）へと課題を展開した。次時の「ウンコへの旅」では紙とビニールの模型で口から肛門までの消化器をつくり、いかに消化管は消化のために長くなっているかを実感させながら展開していった。また、胃や腸の拡大写真（内面図）を見せながら、いかにして消化や吸収がなされているかを実感的に、リアルにとらえさせる工夫もしている。

千葉先生の授業は、まず教材研究の努力から始まる。その教材に対する学習者の意識や疑問・ふしぎ等の把握をおさえ、何を学びたがっているかを追究することと、教材に関する科学的な成果の勉強を自らの疑問をかきたてながら、教材への問いかけをとことん追究することである。子どもたちからの把握した疑問と、自ら教材に問いかけた疑問をもとに発問を構想し、自分が感動的に学んだ教材研究からの「納得知」を子どもたちにも感動的に語りかけるのである。また、考えさせたり、説得的に伝えていったりする場合にも、できるだけ具体的であるべきだということで、手づくり教具を大変な労力をおしみなく使って作成している。ともかく、彼の授業の特徴は、現実的な課題から教材を引き出し、しかもそれを乗りこえさせるためにはしっかりとした認識を踏まえさせる必要を自覚し、人間のからだのすばらしさとそれを守り育てる知恵をきちっと伝えたい、と願っているところにあるといえる。

(2) 加藤修二の保健授業から学ぶ～授業展開のうまさ

加藤さんは仙台の小学校教師である。彼の得意分野は美術（図工）であり、国語である。ときどき保健やからだ、性の授業にも挑戦している。かつて、低年生を受けもったとき、生活科で「ひとのからだ」（一九九二年）の実践をした。

手づくりの実物大赤ちゃん人形を背中におんぶして教室に登場する。教室には子どもたちが赤ちゃんだったときの写真が模造紙三枚にはられ、黒板いっぱいに掲示されている。さあ、ここから授業が始まるのだ。まず、子どもたちを黒板の前に呼ぶ。写真を見せながら、「どれが誰だろう」というと、もう子どもたちは夢中である。親に抱かれている写真から、お風呂に入れてもらっている写真、さまざまである。こうしてひきつけておいて、赤ちゃんの特徴（からだのこと、自分でできることとできないこと、等）を問うていく。そして、おもむろにおんぶしている赤ちゃんを下ろしてオシメを代え始める。男の子かな女の子かな、と切り出す（手づくり人形は性器も肛門の工夫もしてある）。名前をみんなにつけさせる。……とにかく仕組み方がうまい。子どもを乗せていく。

次の時間は、子どもたちの手形、足形とりから、手足の勉強である。赤ちゃんの手形、足形ももちろん用意してある。自分たちの発達を確認するためである。手がなかったら、親指だけなかったら、と想像させたり、体験的にさせたりしてみて、実感的に手足や指の役割を確認していく。

次は、子宮の中の授業である。「どうして男の人は産めなくて、女の人は赤ちゃんを産めるのだろう」とはいっていく。子宮の中のふしぎと赤ちゃんの母体内での生活を確認していくのである。「息はどうしてる？　食べものは？　オシッコやウンコは？」と問うていく。ちっともきばったり、構えたりしたところがない。子どもたちとのやりとりは、流れにまかせている感がある。子どもたちは、それらの問いによく考え、想像し、よく発言をする。教えるというより疑問を投げかけ考えさせることを優先している。しかし要所がくると、具体物を活用しながら確認したり、きちっと教えたりしていく。

「男女なかよく」の心情も、道徳的な扱いでなく、得意の文学教材で展開していく。今江祥智の『はなとゆき』（動物園の二匹のバクのはなし）から読み取らせていく展開をしている。子どもたちは、あたたかいほのぼのとした心の触れあいを感じ取っている（以上は雑誌「健」一九九二／六・七・八参照）。

ここでは、小学校四年生に行なった「かぜとたたかう体～熱はどうしてでるか」の授業（「教育保健研究年報」第三巻・一九九六）から、さらに氏の授業の特徴をとらえていくことにしたい。この授業の特徴を具体的に紹介しながら、保健で「生きる力」を育てるとはどういうことか、そうした授業を具体的に展開するとはどういうことか、について検討することにする。

①教材観・授業観～教材と授業にねがいをもつということ

加藤先生は、この教材を教えようと思った意図とどのような展開をしようと思ったかについて、次のように述べている。

カゼをひくと、私たちはたいがい薬をのみ、そして寝る。ひたすら治ることを期待し、若干の配慮はするが、たいがいはさほど変化のない生活を続ける。「たかがカゼ」という意識があるからだろう。それでもほとんどの場合、やがてカゼは体から手を引き、私たちの体は何とか健康体にもどる。そしてカゼに対する意識はかわることはない。治ればそれでおしまいになる。子どもたちも年中カゼとつきあいながら、カゼに対する知識や対処はさびしいかぎりだ。自分の体と向き合うこと、つまり自分の体自身や体のなかで起きている変化・現象を見つめることもなく、薬やお医者さんがカゼを治してくれると思っている。しかも、カゼの原因であるウイルスが発熱させ、それ（熱の症状）がイコール病気だと固く思い込んでいる。熱は悪いもの、発熱は悪いこと、と思い込んでいる意識を、そうではないんだと変えることは、子どもたちがカゼにどう立ち向かっていけばよいのかを示してくれることになるだろう。体に対する正しい知識は、子どもたちの生活を変えていく力のもとになるのだ、と考えたい。

この授業では、これまで取り組んだようなカゼに対応する免疫のシステム全体には踏み込まないで、じっくりと発熱について考えさせるようにした。また知識をクイズ的に与えることはここではしない。そうしたやりかたは、一見子どもの興味を引いたり、展開も効率がよさそうだが、子どもたちに深く入り込むことはない。みんなで深く考え、納得に至る時間をなんとしても持ちたい。内容が高度に陥りがちな保健の授業をなんとか授業たらしめるためには、そのことは欠かすことはできないであろう。（前掲「教育保健研究年報」）

加藤先生は、観を変えたいと願っている。発熱に対する見方、熱はよくないことという見方から必要だから出しているという見方へである。症状観の転換であるが、そのことは身体観、病気観をゆさぶることでもあるし、「生きる力」を育てることにもつながっているのである。そして、そうした生きる力につながるには、授業そのものがクイズでお茶をにごすのでなく、「みんなで深く考え、納得に至る時間」が必要だと述べている。

授業後の子どもの感想からいえること

自分のできること

〇〇宏紀

ぼくはかぜをひいたときよくポカリスエットをのむ。お母さんはあったかくてぼくのだいすきなフライドポテトをつくってくれる。ねるとき、「あせをかけばなおるよ」といってふとんをたくさんかけてくれる。なんであせをかけばなおるのかよくわからなかったけど、ぼくはふとんをかぶってあせをかきました。やっぱりあたたかくするのはいいのかなあ。

子どもたちは風邪をひいたとき、親からさまざまな手当てや処方をしてもらっている。それをありがたく思いながらも、なぜそうするとよいのか、納得はしていない。理由のわからないまま、あたたかくして寝たり、ふとんをいっぱいかぶせられたりしているのだ。しかし、授業後には、「必要熱」の理解が進み、「やっぱり〜いいのかなあ」と感想をもらすようになってきている。

かぜとたたかえ

〇〇一成

このべんきょうで、ふだん思ってもみなかったことがわかった。まず、熱はのうからのしれいだった。ウイルスは一ミリメートルの一〇〇〇分の一。つぎにわかったのは、リンパ球がウイルスを食べてしまうことだ。ぼくは、「人間のからだはすごい」と思った。ウイルスをひとりで殺す力があるからだ。ぼくはこの勉強を参考にして、こんどかぜをひいたときはからだの工夫をしたいと思う。

一成は「人間のからだはすごい」と感想に書いている。だが授業のなかでそんなことばを教師から一度も発したことはないという。授業の中身や話し合いが、彼をしてそう書かせたのだ。彼は、最初、熱はウイルスが出させていると考えていた。その彼が、認識を変えたのである。熱に対する認識が変わるとき、彼の生活は変化の第一歩を踏み出したのだ、といっていいだろう。「こんどは〜」という最後の一文にその変化が明らかに証明されている。

②具体的な授業の展開とそのしくみ方

二人の感想からも、この授業で明らかに子どもに変化がみられたことがわかる。これからの生活に変化が現われるだろうことが予測できるし、学習したことが生きる糧になるだろうことが推測できる。では、どういう授業だったのだろうか。

授業の展開（一時間目）〜「熱が上がる」「熱が下がる」とどうなる？

一時間目の授業では、生きている生物にはたいがい一定の体熱（体温）があること、そしてそれは熱をつくる働きとうばう働きで一定に保たれているのだ、という基本理解をうながした。また、その体温はときどき上がったり下がったりしていることがあることを確認し、どういう場合に「熱が上がる」か、「下がる」かについて、経験から出し合った。そして、あまりにも体温が下がるとどうなるだろうか、上がりすぎるとどうなるだろうか、について体験を踏まえた推測を出し合った。

「体温が下がったら」では、子どもたちから次のような反応が返ってきた。「からだの動きがにぶくなる」「歩けなくなる」「元気がなく、ふらふらになる」「顔色が悪くなり、倒れる」「からだが寒くなり、ふるえる」「血液の流れがおそくなる」「熱がなくなると生きていられない」「血がかたまる」といったことが出された。子どもたちはイメージとしてとらえてはいるが、かなり本質をついているし、体温（熱がある）ということを大事なものとしてとらえていることがわかった。

「体温が上がったらからだはどうなる?」では「暑くて息がハアハアと犬みたいになる」「顔が赤くほてってくる」「クラクラして物がぼんやり見えるようになる」「心臓がドキドキしてくる」「立つとふらふらすると思う」「汗がいっぱい出てくる」「からだ中がほてって、手も熱くなる」「しんどい、だるい」「冷たいものが欲しくなる」「だんだん熱が上がっていったら脳がおかしくなる、そして死ぬ」といった、かなり体験を踏まえた発言が多かった。たいがいは、風邪をひいて熱を出て苦しんだときの体験である。

「汗が出る」は、次の授業にとって重要な発言である。からだは熱を出す一方で、自分のからだを守るために汗をかき体温を下げようとしている。そこで教師は消毒用のアルコールを持ち込み、手や腕に塗らせ、熱が奪われることを体験的にわからせている。

結局、この授業は、次の授業のための布石になるように計画されたものといえる。

授業の展開（二時間目）～「風邪をひいたときにしてくれたこと」

授業者の加藤さんは保健の授業のイメージとして次の二つのことを大事な視点としておさえている。

一つは、子どもたちが自分のからだと生活をじっくり振り返り、調べること、もう一つは、それをもとにクラスのみんなでじっくり考えることである。

二時間目は、「以前に風邪をひいたとき」の事実の確かめ、振り返ることからはいっていった。子どもたちはそれぞれ過去の体験を出し合った。「熱が出る、せきが出る、のどが痛くなる、のどの奥が赤くなる、たんが出る、くしゃみが出る、鼻水が出る、頭が痛くなる、おなかが痛くなる、食欲がなくなる、寒気がする、関節が痛くなる、からだが熱くなる、眠くなる、頭がぼんやりする」等々である。子どもたちの多くはせきやのどの痛みや鼻づまりで苦しんだ体験を出したが、多くの事実を出し合うなかで、風邪というのはからだ全体にも影響するということを学んでいく。

次に、教師はコモンコールド研究所（イギリス）の古い実験の話から「風邪はウイルスがいなければ、寒さだけではひかない」ということを扱い、保健室にあったインフルエンザ・ウイルスの拡大写真を見せる。そして、「風邪をひいたとき親はどんなことをしてくれた？」と問いかけ、その事実の確認とそれはどういう意味があるのか、と深めていく活動にはいっていった。

C　いつもよりふとんを多くかけてもらった。

C　水枕を頭の下にしてもらった。ぬれたタオルをひたいに当ててもらった。

C　熱を下げる座薬をおしりに入れられた。

C　消化のいい卵入りのおかゆ、うどん、バナナを食べさせてもらった。
C　りんごをすってもらった。ぼくはポカリスエットを買ってきてもらった。
C　のどが痛いとき、カリンを食べさせてもらった。……等々
T　ふとんを多くかけてくれたのはどうして？
春井　汗をかくため。汗をかいてからだを冷やす。
歩美　寒気がするから、あたたかくする。
板橋　しかし、ふとんをたくさんかぶると熱がもっと出て、汗をかきすぎたら風邪はもっとひどくなるんじゃないかな。
一成　体温が熱くなって汗が出るのは、からだを冷やすためだけど、寒くするとよけい風邪を悪くするから、ふとんの中だと冷やさないで汗を吸収できるから。
西城　私は汗をかかないと早くなおんない。
森　私はお母さんに汗をしっかりかきなさい、ってよくいわれる。
T　うん、そういわれるのはなぜ？　汗をかくと、からだはどうなるのだろう。
大西　たぶんだけど、汗でからだのなかの熱いやつをからだの外に出すためだと思う。
一成　(さっきいったのと）逆だけど、ふとんでさらにあたたかくしてからだのなかのウイルスを殺す。違うと思うけど。

春日　やっぱ、汗をかいてからだの熱を下げるためにふとんをかけるんじゃないの。
葵　ウイルスは寒さに強いんでしょ。だったら汗かいて体温を下げたらもっとよってくるんじゃないの。
嶋田　だから、汗かいて冷たくなるといけないから下着を着替えるんじゃないの。
生形　うちでもふとんは重ねるけど頭は水枕で冷やすから、からだはあたためるけど、全部をあたためすぎないようにする。
大内　ウイルスは寒いのに強くて熱いのに弱いから、あたたかくするんじゃない？
桑田　お母さんは食べものもいつもあたたかいのをくれるから、あたたかくするのはやはりからだにいいことだと思う。
T　座薬とか水枕もからだを冷やすことをしているけど、いったい熱が出るっていうのはなんだろう。
尾形　からだにはいってきたウイルスが出している。

間にはさんでいる教師(T)の問いかけはこれでよかったのか、ということの吟味は必要であるが、それにしても子どもたちは自らの体験にもとづきながら実にすばらしい意見を出していると感心する。「たぶんだけど」とか「違うと思うけど」などと内心は揺れながらも、こうではないか、ああではないかと考え、からだの現象から本質的なものを予測し推論しているのである。発熱＝風邪・病気と考え、その熱を追い出すために汗をかく、と多くの子どもたちは考えていた。しかし、一成は、後半でウイルスを殺すための「必要熱」の考え方を打ち出し、何人かの子ども（大内や桑田）の意見を誘発している。だが、最後に声高に発言した尾形の「熱悪説」（ウイルスが熱を出させている）は、まだクラスの多数派のようである。

授業の展開（三時間目）～「熱の正体を探る」

この授業は、生活体験から熱の正体を探ることであり、多数派の熱＝病気観、つまり「熱悪説」を「必要熱＝熱善説？」にひっくり返すことである。

T　熱が出たとき、最高何度まで上がった？　今までの体験から。
C　三九・五度　三九・八度　四〇度　三八・五度　四一度……
T　どうしてそこまで上がったんだろう。「たぶん」でいいよ。
香澄　風邪をひくとからだにはいった菌が熱を出す。
一成　ものすごくたぶんだけど、ウイルスがからだのなかにはいると熱が出るんだから、ウイルスを殺すためじゃないの。
阿部　だから、人間のほうが出している。

葵　ぼくも同じで、ウイルスとかは熱いのが弱いからからだが出している、とちょっと思う。
尾形　いや、やっぱり菌が出してる、と思う。
桑田　ぼくもウイルスは熱いのがきらいなんだから、人間が熱を出してウイルスとかを殺すんだと思う。
遊佐　人間が熱を出して、熱が菌を消化してるんではないか。
嶋田　ウイルスには何種類もあって、だから熱の高さもいろいろあったから、やっぱりウイルスが熱を出している。

このように、一成の意見やウイルスの性質（寒さに強く、熱に弱い）の理解から、「必要熱」派の子どもが広がってきた。しかし、まだ裏づけが弱いようだ。嶋田のような意見も出てきた。そこで、この段階でみなの意見が二つに分かれていることを教師が整理し、「ウイルス発熱説＝熱悪説」か「人間発熱説＝必要熱説」かのどちらかに挙手をさせた。前者が一八人、後者が一七人と均衡状態になっていた。

このあと、お母さんがあたたかいものを食べさせてくれた、とか部屋をあたたかくしてくれた、という経験を取りあげ、どうも熱はからだを有利に導いてくれているようだ、という方向に授業は展開していった。また頭だけは冷やすということから、脳はとりわけ熱に弱いので守っている、ことを教師は話した。そのとき、一成は、「からだの熱を上げさせてからだを守るようにしているのは脳。だから脳だけは大事だから冷やして守る」と発言した。子どもの想像力というか思考力というのはたいしたものだと思う。こうした意見交換の過程で、子どもたちのほとんどは「必要熱」の考え方に納得していったのだった。

授業の展開（四時間目）～「からだを守っているしくみ～まとめ～」

四時間目の授業では、教師からの「熱はウイルスが増えるのをおさえることはできるが殺してしまうまでの力はない、そのためにからだにはウイルスを食べてくれる白血球（マクロファージ）がある、それでもだめならやっつけてくれるリンパ球がある」といった免疫作用の概要について教具を使って説明した。

一成に「人間のからだはすごい」と書かせ、「今度風邪をひきそうになったらからだの工夫をしたい」と感想に書かせた背景には、こうした授業のプロセスがあったのである。それにしても一成は、「たぶんだけど」「間違っていると思うけど」とためらいながらも、大人でさえ思っている熱＝病気＝悪という発想にとらわれず、「なぜふとんを重ねるの」という経験の意味を問われることで、「発熱は重要な意味をもっているのかもしれない」「熱は菌をやっつけているのかもしれない、だとすれば人間が出しているのかもしれない」と考えるようになり、最初の思いを変え、それが徐々に確信に変わっていっている。そして、そのことがほかの子どもたちにも徐々に影響を与えていっている。

子どもにはこれだけの思考力があるのだ。ここに、考えに考えて、その時間をじっくりくぐって到達する認識の重要性があるのだといえよう。一生涯生きて働く力、つまり「生きる力」が育つというのは、そういうことではないだろうか。

③保健における授業展開の力量～まとめにかえて

こういう授業展開ができるのは、加藤さんの授業力量である。本物の考える力・認識（「生きる力」と考えていい）を育てるためには、現実的な意識を引き出しながら、科学的な問いによって自由に考えさせ、納得に導いていくような展開が必要である。しかし、このクラスの子どもたちのように自由に積極的に自分の意見をいえるには、日常の授業から疑問をもち、自由に発言できる雰囲気とそのことの意義がわかっているような子どもたちに育っていなければならない。それこそが教師の力量なのである。

加藤さんは保健の授業の特徴を、次のように述べている。「子どもたちは、ビデオ等の映像で、見えない体のふしぎなしくみの事実をみせられると確かに驚くし、ある種の感動を伝えることができる。見えない部分をリアルに伝えるには映像の力を借りることは必要であるが、しかしその驚きの寸前までその見えない部分を自分の経験と想像力でしっかり考えさせておく過程こそが、実はほんとうの認識や驚きを構成するのではないかと思うのだ。〝なるほど、そうだったのか〟に至る過程こそが、保健学習の要にならなければならないのではないか」（前掲「教育保健研究年報」）と。私もまったく同感である。保健学習の中核はやはり深い認識だということ、その認識の質や深さ、そしてその獲得の仕方が子どもの意識や意志、態度、行動までゆさぶり変えていくのだということなのである。

第4章
「授業書による保健の授業づくり」で得たものと問題点

1.「授業書」と「授業書による授業研究」

(1)「授業書」とはどういうものか

「授業書」とは「いつでも誰でも同じ過程を再現することができ、それによって授業内容のよしあしを確かめることができるような教授プログラムを、一種のテキストに客体化したもの」といわれている。つまり、授業書は、基本的にいくつかの「問題」(発問と考えてよい)とそれらに対応するいくつかの「お話」(問題に対する結論的解答)で構成されたものである。よって、授業書を使った授業の流れとしては、その問題に対して子どもたちが予想を立て、自分の考えや立場を表明したり、ときにはそれらの意見の違いを討論し、論拠を深めながら、授業がねらっている課題に導いていく、という展開になる。その問題から出た意見の違いをどのように絡ませ、討議させ、追究していくかという授業の組織化は教師の役目であり、その整理とまとめとして「お話」が位置づけられているのである。

このように、授業書は、教師にとっては授業案であると同時に教科書でもあり、子どもにとってはテキスト風の教科書であるとともにノートも兼ねそなえたものである。いわば、この授業書は、「授業案＋教科書＋ノート」の性格をもち、教師と生徒の共有物であり、これをテキストにして、共に教え、学べる性格を具備したものと考えられる。

(2)「授業書」的発想によるアプローチの有効性

では、こうした授業書の発想による教材づくりや授業（指導）はどうして有効なのだろうか。私なりに考えているメリットの面を述べてみたい。

この授業書の発想の大元は、仮説実験授業（板倉聖宣氏を代表とする理科教育を中心とする研究会、一九六三年ごろ設立）のテキストから出発したものである。大まかに紹介すると、この仮説実験授業は、「問題―予想―討論―実験（検証）」のプロセスで授業を展開する。一定の自然科学的な概念や法則を身につけさせるために、まず、①子どものとびつきそうな自然界の現象的矛盾を「問題」として子どもたちになげかけ、それに対するいくつかの解答（選択肢）を提示し、②そのうち自分はどれを支持するか予想を立てさせ、③どうしてそれを選んだのかの意見（仮説）を出させて討論させてから、最後に④実験によって検証するという、過程をとるのである。そして、こうした教えるべき内容と授業展開の具体的方法を、紙面に客体化したテキストに対して「授業書」と名づけたのである。

保健の授業でも仮説実験授業の研究運動に学び、授業書づくりのまねごとを始めたのは、私も席を置く保健教材研究会（一九七九年ごろ出発）であった。この研究会では、なんとか充実した保健の授業を生み出したいと、現場教師とともに授業の実践づくりを手がけていた。先述した「教材への問いかけ」を大事にする教材研究に力を入れ、授業づくりに励んだ。しかし、そうした地道な取り組みはなかなか広がりを見せなかった。

そうしたときに、仮説実験授業の取り組みがヒントとなり、具体的な授業構想を盛り込んだ教材づくりをすることによって、積み重ねと広がりをもたらすのでないかと、そちらに方向が向いていったのであった。ともあれ、この研究会の共通のねがいが、より意味のある充実した保健の授業をつくり出したいという一点で結ばれていたことである。だが、その求めるものの実質は、メンバーにより多様であり、微妙に異なる面がある。楽しい授業、わかる授業、考える授業、生きる力になる授業、いろいろであるが、授業書による授業はかなりの部分でそれらの期待をカバーできると考えたのであった。裏返せば、それまでの学校現場での保健の授業や指導は、「雨降り保健」の現実が多かったり、なされていても教科書の解説（伝達）であるか行動変容を強いるしつけ的指導であり、無味乾燥なものが多かったからである。

(3)「授業書」的発想による授業でどんな力を育てるのか、育つのか

授業書は基本的に「問題」と「お話」で構成される。授業のよしあしは、それらの質によってまったく左右されることになる。つまり、選択肢を含む「問題」の質が、意味ある思考をうながし、課題

解決に向けての認識、判断材料を提起するものであるかどうか、ということが決定的に重要である。また、「お話」の質は、その問題解決への展望と確信、意欲を育てるものになっているか、ということが決定的に重要である。

授業書にはそういう質がそなわっていることが前提であるが、授業書による授業のよしあしという場合には、その授業書を採用し、生かす教師の側の課題意識や姿勢、授業観や教授力量が問われることになるし、子どもの側にもそういう授業スタイルに向き合う姿勢が要求されてくることになる。その授業書が単なるクイズ的なおもしろさ、興味本位のものでしかないならば、それを採用した教師の課題意識もそのていどのものであり、授業の結果育つものも、特別たいしたものではなく、表層的な興味本位の印象しか残らないであろう。

保健の場合は、仮説実験授業が生み出してきたものに比べるときわめて過渡的で、不十分なものが多いが、その思想（すぐれた授業書を生み出そうとする）としては、子どもたちが集団的な思考を働かせ、知恵を出し合い、本質や課題解決の方向性を探る授業過程のなかではぐくまれる主体的な問題解決能力や集団の自治的意識を期待しているのだ、ということはおさえておく必要があろう。そういうものを目ざせない授業書であるならば価値は薄い、といえるのではないか。よって、教師には、その教材（授業書）のもっている価値と生徒の側の課題性の関係を吟味し、子どもの側にどういう力が育つのか、その展望を踏まえつつ、授業書を選択・改変し、授業を構想する必要があろう。

(4) 保健の授業書のもつ限界性と教師の授業姿勢・力量の関係

授業書が質の高いものであることは基本的に重要なことで、異論をはさむ余地はない。しかし、授業書による授業にとって、それは必要条件ではあるが、必ずしも十分条件にはならないのがこれまでの保健の授業書研究の実態である。保健の授業書によって「誰にでもできる保健の授業」をめざすという命題は、あまりにも安易な発想のように思われる。授業書がすぐれたものであれば、それを活用して授業に取り組むことによって、それまで伝達式の授業をしていた教師ならば、より子どもとともに思考を働かせて取り組む授業に改善されるだろうことは大いに期待できる。しかしながら、一般的にいって、授業書だけあれば、事前の教材研究の努力もしないで、誰にでもすぐれた授業ができるとは思えない。それは保健の授業書が現状では完成度が低いからというだけでなく、あるていど完成度が高くなった場合においてもいえることである。

授業書づくりの研究運動は、少なくとも教師が教材研究をしないでも、それをちょっと活用すれば「安易に、気軽にまあまあの授業ができる」ことをねらってはいないはずである。教師が「楽をするためのもの」に成り下がった場合、授業書の授業は必ず堕落するであろう。その場かぎりの思いつきで、おもしろければいいという興味本位のクイズ「問題」ばかりで構成された授業書になると、「生きる力」の形成論の立場からの批判が必ず出てこよう。学習指導要領が行動変容主義の実用論の立場を押し出してきているとき、保健の授業書による授業もこの「生きる力」の育成との関係を十分検討する必要があろう。

授業書による授業は、ともすれば「知的操作レベル＝認識どまり」と考えられがちである。「生きる力」をどのように考え、授業書はどこまでそこに迫れるのか、その限界性も踏まえて実践をとおして検討する必要があろう。ともあれ、保健の授業書を使って授業をする場合、そこに盛られた「問題」群や「お話」群の本質部分（質）を自分なりにとらえかえし、深く検討することが前提になければ授業書を活用する資格はないと考えるべきであろう。

2.「偏食」の授業書づくりの追試研究から見えてきたもの

(1)「偏食」の授業書の生み出された背景とその進展過程

この教材での授業書には一定の流れというか進展過程がある。最初にこの教材が取りあげられたのは、一九七七年ころである。当時の小学校での教育実習（宮城教育大学附属小学校）の際に、実習生が「食べものとからだ」の授業（四年生）を行なったことがきっかけで、この教材での授業書構想が出発したといえる。このことを私は一九七九年一月の「学校体育」のなかに「科学的認識を育てる授業とは」を書き、この点について次のように述べている。

私は以前、ある小学生に「家や学校で、なんでも食べろっていわれるけれど、ライオンなんかは肉類ばかし食べているし、馬なんかは草類ばかし食べているのに、あんなにからだも大きいし、走るのも速い。それなのに、人間はどうしてなんでも食べなければならないの？」と聞かれたことがある。私はそのとき十分な解答ができなかったし、きわめて本質的で鋭い子どもの発問にハッとさせられたものだった。従来の保健の指導では、「栄養にはこれこれのものがあるから、いろいろなものを組み合わせて食べ、栄養が偏らないようにしよう」程度のことしか扱ってこなかったのではなかろうか。「好き嫌いしないで何でも食べろ」と家でいわれていることと同じことを、もっともらしく説明しているに過ぎなかったのではないだろうか。子どもたちはすでにこうした本質に迫る疑問をもっているのであり、こうした疑問に答える中身を準備することなしに、授業は成立しないのではなかろうか。

実習生は五大栄養素の説明をし、三色の栄養素とそれにはどういう食べものがあるという解説を図にもとづいて行なったのち、人間はこれらの栄養素を含んだ食べものをまんべんなく食べ、栄養の偏らない食事、好き嫌いしない食事に心がけることが大事です、と語った。授業直後、私が学生に授業の感想をコメントしていると、一人の女の子が近寄ってきて前記のような質問をしたのだった。家でも、給食時も、野菜と魚が食べられないことからよく注意されていた子が、肉食動物や草食動物の食性への疑問から「本当に人間はいろんなものを食べなきゃ生きていけないの」と日ごろ思っている素直な疑問をぶつけてきたのだった。当時私自身そういった疑問を抱いたことはなかったし、栄養学の本などを見ても人間を前提に書かれており、そういう発想を抱かされる機会さえなかったのである。

正直にいって私自身この質問に驚いたし、即座に十分な答えができなかった。肉食動物はおもに草食動物を食べているから大丈夫なのではないか、とか、草食性の動物はたぶん量を多くとるし、消化器も発達しているので大丈夫なのだと思うよ、などとあいまいに答え、「調べておくから」とその場しのぎをしたことを思い出す。

このとき、「なるほどな、子どもに学ぶってこういうことか」と感じさせられたのだった。あの子はきっと実習生の授業で満足できなかったのだ、「私の疑問に答えてよ。でないと私は本気で好き嫌いを乗りこえられないよ」といっているのだ、と思った。その後私は動物の食性について調べ始めるとともに、当時（一九八〇年）、卒業研究で「保健の教材づくり」に取り組んでいた四年生のY君にもちかけ、中学生用の二つの教材開発、「睡眠と健康」「食べものと健康」の後者に、この食のバランスの発想を取り入れた教材づくりに取り組ませたのだった。彼は、文献で調べることや動物園に行って飼育係の人に取材をするなどして卒業論文の中の一つの授業書としてまとめた。その内容構成の一部は、次のようなものだった。

問題1　肉食動物は肉類を食べ、草食動物は草類を食べて元気に生きています。だのに、人間は肉も野菜もなんでも食べなければならない、と言われるのはどうしてでしょう。

この選択肢としては、

(ア) 人間はいろんな物を食べなければならないからだになっている。

(イ) 肉食や草食の動物も含め動物はそれなりにいろんな栄養を取っている。

(ウ) 人間はいろんな料理法を考え、いろんな物を食べているが肉食や草食の動物のような食べ方をしても別に問題はない。

そして、授業後の彼の反省・考察としては、子どもたちの理解を深めるためには、①人間と他の動物の消化器官の同質性と異質性について、②肉食と草食と雑食の栄養の違いについて、③人間の食性(加工、調理する側面)について、をこの問いとかかわって深める必要があった、と記している。「問題2」ではその人間と動物の食生活や食べ方の違いについて考えさせる問いを、「問題3」ではある中学生が一日に食べたものを例示し、どのような栄養素が不足しているかを考えさせる、三つの問いで構成していた。

小学校用の「偏食」の授業書に発展させ、雑誌等に初めてこの教材の授業書を公開したのは、林田・

小山・和唐の宇都宮グループである。私の先の経験と発想を聞いた和唐氏が小学校での授業書案を作成し、教え子の現場教師にもちかけ実践されたもので、一九八〇年の「学校体育」（三三巻二号）と一九八二年刊の『誰にでもできる保健の指導』（日本体育社）に発表されている。

この授業書の中身は、日常「肉ばかりでなく野菜も食べなさい」といわれている子どもたちに、「偏食しないでなんでも食べることが大切です」と教えてみても、しつけにしかならず、しらけた反応しか返ってこない。そうした子どもたちにアレ？と常識をくつがえすゆさぶりを与える授業をしたい、というのが動機であった。授業書は高学年用であったが、授業者の担当学年の都合で四年生の授業で検証したものである。

なげかけ　みなさんはよく「なんでも食べないと大きくなりませんよ」とか「へん食をすると病気になりますよ」とかいわれませんか。でも、トラやライオンは、野菜を食べますか？　カモシカや牛は、肉を食べますか？　けれども、トラやライオン、カモシカや牛が栄養がかたよって病気になったという話をきいたことがありませんね。

問題１　では、トラやライオンは、なぜ肉だけを食べて生きていけるのでしょう。

ア、からだのなかに、肉だけでも栄養失調（栄養がかたよって病気になる）にならないしくみがある。

イ、肉にはいろいろな栄養があるから、栄養失調にならない。

ウ、トラやライオンは、草も食べている。

お話1　アフリカでライオンの生活を観察している人の話によると、ライオンはえものをとらえると、はじめに内臓（胃や腸など）を食べるそうです。ライオンのえものは、シマウマやインパラ（シカの一種）などですから、その胃や腸のなかには多くの草の消化しかけたものがはいっています。そのドロドロしたおかゆのようなものを、ライオンはおいしそうに食べるそうです。ライオンやトラは、草を食べても消化することはできません。ですから、草食の動物が消化しかけたものを食べることで草の栄養をとっているのです。また、ライオンやトラが食べる肉は、なまの肉なので肉に含まれている栄養をそのままとることができます。なま肉には必要な栄養が含まれています。だから、トラやライオンは栄養失調にはならないのです。

問題2　カモシカや牛は草ばかり食べていますが、栄養失調にならないのはなぜでしょう。

ア、からだのなかに、草食でも栄養失調にならないしくみがある。

イ、草にはいろいろな栄養があるから、栄養失調にならない。

ウ、カモシカや牛は、肉も食べている。

お話2　草類にも、量は少ないのですが、いろいろ栄養になるものが含まれています。でも、その栄養になるものをとりだすには、特別なしくみが必要です。カモシカや牛の胃は四つもあり、腸も長くなっています。また、一度飲みこんだものを口に戻してもう一度飲みこんでいます。こうしてカモシカや牛は、草からいろいろな栄養をとることができるのです。図（ここでは省略）は、トラ、人間、牛の腸の長さを比べたものです。からだの長さと比べると、牛は約二六倍、人間は約五倍、トラは約四倍の長さになります。私たちは、草（野菜）だけでは十分に栄養をとることはできません。また、なま肉をずっと食べ続けることもできません。だから両方のたりないところを、おぎなうように食べるようになっています。図のように腸の長さをみても、人間は肉食のトラと草食の牛のまんなかです。みなさんは、動物のなま肉を食べられますか。みなさんは、胃が四つもありますか。みなさんの腸の長さはどうですか。だからみなさんは、肉も野菜も食べなければならないのです。

問題3　でも、人間のなかでも、北極の寒い地方で生活しているエスキモーといわれる人たちは、冬の間、草のない土地で生活しているので野菜をとることができません。野菜の食べられないエスキモーの人たちはどうしていたでしょう。
ア、なま肉や内臓を食べていた。
イ、海草など、野菜のかわりのものを食べていた。
ウ、からだのなかにしくみがあって、栄養失調にならなかった。

お話3　エスキモーの人たちは、なま肉や内臓を食べていました。ちょうど、トラやライオンがなま肉を食べるのと同じことです。でも、エスキモーの人は、私たちと同じからだをしているわけではありません。小さいときから、なま肉や内臓を食べられるように訓練しているのです。それは、きびしい自然のなかで生きる人たちの知恵でもあったのです。トラやライオンは肉だけ食べているのではありません。カモシカや牛には、草を食べても栄養がとれる特別のしくみで、肉の分の栄養をとっているので肉を食べなくてすむのです。でも、人間は、肉と野菜を食べることで、うまく生きていけるようになっているのです。

その後、住田実氏が、この肉食動物と草食動物の問題を「栄養のバランス再考」として報告している(「健康教室」一九八八/十一・十二)。そこでは、「肉食動物はどうして肉だけで生きていけるのか」の問題の選択肢として、A君「なんでも食べなければならないのは人間だけ。肉食動物は肉だけで十分」、B君「肉食動物は草食動物を食べているから草食の栄養もとっている」、C君『肉食動物もたまには草類を食べている」という改定案（ここでは文章を簡略化した）を出している。また、草食動物のほうについては、A君「草食動物は胃をいくつももっていて、肉食動物にない消化をしている」、B君「草食動物は胃液が特別に強力にできている」、C君「草食動物は栄養を吸収する腸に何か特別の秘密がありそう」と提起している。

その他、一九八七年、住田氏は「保健学習のとびら」（日本書籍）に「ライオンは偏食？」「ゾウは偏食？」の教材研究を載せている。また、私は拙著『授業書的発想による保健指導の教材づくり』（ぎょうせい出版、一九八八）のなかで、「好ききらいはなぜいけないの」を授業書化している。ここでも、だいたい選択肢は共通しており、「肉食、草食動物ともに、肉類や草類の摂取だけでいい独自なからだをしている」「肉類、草類それぞれの食べものにいろんな栄養素がありそれだけで大丈夫」「肉食動物は草類を草食動物は肉類をかくれて食べている」としている。

こうした積み重ねをへて、宇都宮グループが、先の授業書（一九八〇年版）を若干手直しし、五年生（授業者：小林康夫氏）で公開の研究授業（追試実践）を行なった（一九八九年）。この授業記録とその分析は、一九八九年十・十一月号の「体育科教育」に掲載されている。どういう点が修正されているかというと、問題1を「肉食動物は草も食べているでしょうか」にし、選択肢を「食べている」「食べていない」の事実をまず聞く問いにし、両者を対立的立場の意見にしたうえで、なぜそう思ったかの理由を聞いている。つまり、先の問題では「どうして肉だけで生きていけるのか」を聞いていながら、「少しは草も食べている」の選択肢はおかしいし、理由を選択肢にすると意見が出しにくい、という問題もあった。問題2についても同様の選択肢に修正されている。問題3のエスキモーの話は、若干表現は変わったけれども基本的には同じである。

(2)「偏食」の授業書とその授業に関する検討

①子どもの疑問は科学者の疑問でもある

家庭のしつけのように「なんでも食べなさい。好ききらいしていると大きくなれないよ。病気になるよ」といっているだけでは教育にならない。「どうしてなんでも食べなきゃならないの」「どうして大きくなれないの。病気になるの」こうした疑問を子どもたちは他の動物と比較したり、他の子どもと比べて抱いているのである。これらは科学者の疑問でもある。この点について住田氏も「健康教室」(一九八八/十二)で栄養学者の川島四郎氏の体験的観察談から論じている。ただし、肉食動物が草食動物の腸内の青菜を栄養摂取の必要性から必然的に食べるかどうかは大きな論争点でもあったようである。

肉食動物が草食動物を好んで食べるのはどうしてか、肉食動物がより弱い肉食動物を食べたりしないのか、それは栄養性の観点もからんでいるのか、そうでないのか、野生の動物と動物園の動物の食性は基本的に同じと思うがどうなのか、等々、こうした子どもの抱きそうな疑問も意外と本質的で、今なお疑問のままである場合が多い。

②教材研究の重要性とその「科学性」について

その肉食動物の食性の事実は、一人の学者が体験談で論じているだけで、それを鵜呑みにしていいか、という問題はある。川島氏はアフリカに行ったときに、肉食動物が草食動物のハラワタを真っ先に食べていた、というのだが、理科教育学者の黒田弘之氏は青菜のいっぱいはいった腸はほとんど残骸として岩の上に残っていた、とか、何十回とライオンがシマウマやヌーを食べるところを見たが内臓から食べ始めるのを一度も見たことがない、と記している（『アフリカの動物たち』農文協、一九八八）。また、動物園やサファリパークのようなところのトラやライオンは、牛の肉の部分だけをあてがわれているが、それで生きているのである。

一つの都合のいい主張にとびつき、すぐに一般化するようなことは避けるべきであろう。しかし、決着がつくまで教材化できないということではない。一定の論理的思考が可能であれば「現状の考え方」として提起することは可能であろう。こうした科学性に関する教材研究の深めと位置づけの検討は、事実認識の客観化を図るうえで不可欠の課題であるが、授業課題としては子どもとともに探り、深めることこそが意味をもつのである。

③「楽しい授業をしたい」と「からだと生活の主体に育てたい」の関係

保健の授業はしつけのようでつまらない、もっと楽しい授業をつくりたい、というねがいや期待が私たちにあった。「科学的保健認識」を主張していた小倉学氏の教材案も教える側からの内容の順次性だけを示したもので「つまらない」ものの域で終わっていた（住田氏、前掲論文）。私たちは「楽しい授業」ということを、常識的思考をこえて「アレ？ どうしてなのかな」と疑問をもち、問い返し、自ら（仲間と）考え、「なるほど！」と納得する（わかる）喜び、ととらえたのである。「行動化」の名のもとに子どもにかたちどおりのしつけをするのではなくて、疑問をもって追究する子どもにしたい、そのことが自らのからだと生活の主体に育てることになる、と考えたのである。つまりそういう教育観が授業書の発想の前提にあるといえる。

④「活発な意見交換（展開）」と「生活に生きる力になる」ことの関係

宇都宮での「偏食の授業」（一九八九年）では、子どもたちはかなり活発な意見交換を行なっている。一九八〇年の授業書を修正し、事実（「食べている」「食べていない」）を問う問題にしたこともあり、肉食動物と草食動物の食性について、子どもたちはかなり活発な意見交換をし（「偏食の授業を追試する」和唐正勝ほか『体育科教育』一九八九／十二）。

しかし、そうした「ライオンは肉以外食べているかいないか、牛は草以外食べているかいないか」の想像による「活発な」意見交換が、子どもたち自身が自分たちの食生活を問い直す力に反映していくものだったかどうか。この点は討議の中身（質）にもよるが、私の印象では自分（たち）の食生活をも見つめなおす関連視点にはなっていなかったように思われた。そのことは授業後になされた検討会でも発言している（「体育科教育」一九八九／十二）。

⑤授業をする教師の教材にこめるねがい・意図

教師が、楽しい授業をしたい、活発な話し合いになるような授業をしたい、というのは、一面では必要なことである。それは「授業展開価値」（おいしく食べられるか）を意識した教材発想といえる。しかし保健の授業としては、その教材で子どもたちの何をゆさぶり、どういう現実の子どもたちにどういう力を育てたいのか、そのために何を問い直させるのか、といった「必要価値」（栄養があるか）の立場からも同時に教材を検討しなければならない。他の人がつくった授業書を活用して授業をする場合にも、その授業書にこめられた「主張性」（何をメッセージしたいのか）を授業の対象である子どもたちの現実（生活・意識）とつきあわせる過程がきわめて重要である。

この偏食の授業は依頼（頼まれ）授業であったせいもあり、後者の観点、つまり授業者がクラスの子どもたちの食生活上の問題や課題を意識し、その観点から授業書の吟味や授業展開の工夫をするという点が弱かったのではないかといえる。というより、授業書の「試し」ということで、授業書に忠実に行なおうという意識が働いた結果ともいえる。

⑥授業書の質と教材構成について

「生きる力」を育てるという視点からすると、前記の教師の意識や姿勢という問題ともかかわって、具体的には授業書そのものにその視点が弱いのでないかという吟味と、授業展開のなかでの教師の生徒への働きかけや吟味に不十分さがあるのではないかという問題とがかかわっている。

この授業のあとの検討会では「エスキモーの食事のしかた」のあとにもう一つ「では私たちの食事は?」の問題を入れたらよかったのではないか、という意見が出た（「体育科教育」一九八九／十二）。しかし、その点はもう少し複雑で、特殊なエスキモーの食性を入れる意味の検討や、動物の食性から人間の食性に発展させるときに、人間特有の加工や保存、調理等の文化的側面と栄養（バランス）の関係を十分吟味する必要があろう。その意味で、「動物の食」を取りあげ「人間の食」に発展させる授業構成の場合、すべての動物は「外からとり入れる多様な栄養素」と「からだのもつ独自な消化器系による栄養の消化・吸収・合成」の二面性をもっているが、その共通性と異質性を吟味した教材研究と構成を考えたうえで、人間の食、自分（たち）の食を考えさせるべきではなかったか。導入段階の問題からも、子どもたちの食生活の実態を取りあげ、意識させつつ、「私たちは本当になんでも食べる必要があるの」という視点からの自分たちの現実を直視させ、課題についてゆさぶったうえで、「動物の食」にはいっていってもよいのではないか。つまり、生活課題からはいり、科学的吟味を踏まえたうえで、再度生活を展望させる、という組み立てが必要なのではないか、ということである。

⑦授業書と教師の授業展開（授業の組織化）について

一般に、いい授業書であれば、教師は司会役をしているだけで自然に子どもたちは活発な討論をし、授業として深まっていく、と考えられている。しかし、少なくとも保健の授業書の現状ではそれには限界があるし、授業書で授業を展開できる教師の力量（教材価値の吟味や深い教材研究も含めて）が必要だと思われる。

この授業でいえば、教師は、選択肢のどちらを選んだかをあげさせ、双方に選んだ理由をいわせることと、意見の弱いほうに「けしかけ」をして発言をうながす、といったことが中心になっている。現象的発言を取りあげ、意見の違いを整理・分類したり、さらに深い問いに発展させたり、吟味にかけたりということは、ほとんどされていない（『体育科教育』一九八九／十二）。

これには、教師の側に授業を深め、展開する道筋が十分できていないことと、「お話」があることで、「問題で生徒に話し合わせ、まとめはお話を読んでやればいい」ていどに考えている『授業書による授業観』があるのではなかろうか。少なくとも現状における保健の授業書では、ひとりでに授業が深まっていくような質のものにはなっていないし（どれだけすぐれた質のものになれば可能かも不確かであるが）、授業者が司会役（運営役）でいいのではなく、やはり授業を展開する組織者としての自覚がなければならないと考えるのである。

3. 保健の授業書による授業の現状の問題点と課題

ここでは「偏食」の授業書のルーツとその分析を中心に検討してきたが、その点から少し一般化して「授業書による授業の現状と課題」について整理してみたい。

①授業書的発想による保健の授業は、基本的に「子どもたちがからだや健康を科学する」立場にたっている。からだや健康の事実に関心を抱き、疑問をもち、考え追究する、そうしたことの可能な「おぜんだて」を構想し、授業にしくむことだといってよいであろう。そうした発想を大事にし、生かすことが結果として「楽しい授業」を生み出すのだといっていいのではないか。

②そのこと（追究する授業）は、子どもをからだや健康の主人公に育てることにも通じている。「生きる力」というのはそういう主体を育てることである。その意味で教師はその教材に子どもの現実を変えるどんな力があるか、という視点から、たえず吟味することが必要である。教材の「展開価値」を意識するとともに「必要価値」の吟味を行なうことである。

③教材研究の深さこそ、プロ教師としての基本的役目である。教材の科学性に関する視点と追究の姿勢こそが重要である。保健の「科学的事実」は常に進展しているものであり、科学する姿勢、情報へのアンテナが求められる。

④「授業書をつくり出す発想、改変していく発想」なしに「使いこなす発想」はむずかしいのではないか。つまり、自ら授業の対象とする教材への研究の努力なしに授業書だけを利用して授業をしようとしてもうまくいかないのではないか、ということである。

⑤いかなる授業書であれ、それをどう展開するかの構想と吟味が事前に必要である。また、授業展開の過程でも、生徒の反応をゆさぶったり、吟味したり、整理したりして、認識を高みにもっていく教師の教授力量が必要である。保健の授業書の現状では、少なくとも授業書の質的高さにかかわらず、その授業書でどのように展開するかという教師の授業を組織する力量が同時に問われるということである。

4．養護教諭の保健指導と授業書的発想の功罪

こうした授業書の発想を取り込んで、子どもたちに楽しい保健の指導をしようとする養護教諭もここ一〇年あまりの間に多くなった。養護教諭向けの雑誌等で「クイズによる楽しい保健指導」といった教材や指導事例が頻繁に紹介されるようになったことにもよるであろう。短いホームルーム時に校内放送で流す「クイズによる保健指導」を作成し、積極的に全校に広げようとする養護教諭も現われ

た。テレビでの健康（クイズ）番組も広がり、その影響も受けていることもあるであろう。たしかに、テレビ番組のなかにはずいぶんお金をかけて工夫していることもあって、大事な教養を与えてくれる興味深い内容も多くある。われわれが保健の授業書を作成する場合に大変参考になることも多くある。私などもテレビでのいい健康番組があるとできるだけビデオテープに録画しておき、自分の教材研究の参考にしたり、ときには自分の授業で学生に部分的に見せることなどもしている。

しかし、興味中心のかたちでクイズをもち込んだり、ビデオを見せたりするだけでは、マイナス面もあると考えている。子どもの心身の健康現実や意識の現実に根ざしながら、その教材を学ぶことをとおしてどんな力が育つのか、育てたいのか、といった観点が根底になければ、興味本位の「楽しければいい」という指導、自己満足の指導に陥るだろう。「保健おもしろクイズ」の資料をあてがい、当たった、はずれたといった子どもの「のり」だけを意識する指導は、やはり上っ面をなぜる指導に陥りがちである。そういう指導は、習慣パターンをしつけ的に押しつける指導との対極にある問題のように思えるが、「深い認識と納得をくぐらせない指導」という点で共通した問題点をもっているといえる。授業書の発想は、表層的にとらえると、「頭の操作主義」に陥る可能性があることは、基本的におさえておくべきことのように私には思われる。

要は、その教材を学ぶ必然性をきちっと自覚し、そこで思考した内実が、自分や仲間や社会の健康問題を問い直す力に転化していく展望をもって構想されることである。テレビの「ためしてガッテン」

「あるある大辞典」といった健康ものを取りあげた番組のなかには大変興味深く自分やまわりのことを問い直させてくれる質のものも多くある。選択肢を掲げて予想させ、思考させる迫り方はもちろん悪いことではないし、重要な方法である。要はその質と追究の方向性である。単なる興味本位の方法主義的な発想だけになっていないかどうか、常にその点への自己検討を課すことであろう。

第5章
養護教諭の築いてきた「からだの学習」の発想と実践

1.「保健室はからだの教室」「保健室で育てるからだの学力」の発想

(1)「からだの事実」にこだわるという思想

学校保健の仕事を教育実践として追究している養護教諭の多くは、「子どものからだの事実」にこだわった取り組みをしているように思われる。つまり、からだの事実にこだわる考え（思想といっていい）は、養護教諭の仕事というものを、上から与えられた職務をそつなくこなしていればいいというものでなく、子どもたちの示す心身の事実にもとづいて、それをよりよいものに改善するように働きかけ、そうした下からの取り組みによって仕事を創造的につくり出していく職種としてとらえているから生まれるものであろう。それと同時に、養護教諭という職種を歴史的ないきさつから教育職として位置づけてきたように、健康面から子どもたちの人間形成の仕事にかかわる職種としてとらえているということである。健康のための健康をめざすのではなく、人間らしく生きる子どもを育てることのなかに「健康」も位置づけ、全人格形成のなかに「健康に生きる主体的力量」を育てていきたい、というねがいを抱いているのである。

「いのちの大切さ」は、痛ましい自殺や殺傷事件などがあるたびに問題にされるが、いのちの実体はからだそのものである。いのちの大切さは、からだの慈しみにほかならない。健康ということばも、生きてるからだの状態のよしあし、人間（心身）まるごとの状態が良好かどうか、という問題である。視点はやはりからだにあるということである。最近は、子どものさまざまな心の問題が注目され、カウンセリング等、心の対応ばかりが学校保健分野でも課題視されている。しかし、心とからだはとりわけ子どもの時期には一体であることが多く、切り離せない場合が多い。心身症のようにからだに現われてくる問題だけでなく、表情やしぐさ、行動、人間関係等、生き方すべてに現われるものである。そういう意味からも、子どもの事実をつかむという場合に、からだにこだわってみるということは養護教諭の仕事としては特別に大切なことであろう。

もう一つ、私が「からだの事実」にこだわる意味というのは、教育の原理である「生活と科学の結合」の論理をつなぐ環として、保健教育では「からだの事実」があると思うからである。「生活と科学の結合」の思想は、「教育は生活に根ざし、現実生活をよりよいものに改善していく能力を育てる営みであるという教育観（戦前の徳目と鍛錬中心の教化思想に対して自覚された考え方＝日本生活教育連盟の思想）」と「教育は科学的な事実にそくして思考し、現実や生き方をよりよいものにしていく力を育てる営みであるという教育観（戦前の教育と学問を切り離し、修身を軸とする心がまえの教育を批判した考え方＝教育科学研究会の思想）」をあわせた考え方である。健康は、その人間の生きている時代の環境や生活条件とそこでの生き方（行動の仕方）に規定されるが、その様相（姿）は

「からだの事実」に現われる。よって、現実の改善や克服は、観念的にではなく、また単なる行動パターンのおしきせでもなく、「からだの事実」（現象や問題性）を深く探ること、つまり科学的な研究的知見とからだの背後にある生活現実とのかかわりで要因を追究することによって展望がみえてくるものである。からだの事実に焦点化しつつ、現実課題を解決していくために日夜研究されている価値ある科学的成果を学び取り入れること、科学的な見通しと展望のもとに変革していく生活観をもつこと、この双方の観点を結合させることが必要であるが、その環が「からだの事実」だということである。その現実をしっかり見つめ踏まえる健康教育になることにより、単なる心構えやしつけ、行動主義の教育（教化）にならない指導が可能になるということなのである。

（2）保健室は「からだの教室」という発想

保健室には、いろいろな機能がそなわってきている。これは時代による子どもの健康課題に対応するかたちで基本的にはそこに求められる機能が変遷してきたことであるが、その対応過程において養護教諭の実践的な努力が保健室の機能を創造的につくってきた側面もあると思われる。応急処置や看護的な対応、保健指導や健康相談、さまざまあるといえるが、保健室をからだや健康のことを教える教育的な場として養護教諭が自覚しはじめたのは一九七〇年代にはいってからであろう。肥満の子やその親を集めて「健康教室」を開くとか、保健委員会の子たちの学習会を開いてその成果を文化祭に発表させるとか、寸劇をつくらせて全校の前で発表させるというようなことも始まった。

大阪の養護教諭、坪井恭代さんが、保健室の看板を「からだの教室」という看板に取りかえ話題になったのが一九八〇年ころである。保健室にさまざまなコーナー（図書、実験、測定、掲示など）をもうけ、いろんな機能をもたせながらも、もっとも特徴的な場として打ち出すため看板までかえたのであった。これも、子どもの健康実態から、これまでの対症療法や診療所的な場から、これからはここ（保健室）がからだの主人公を育てていく場にならなければならない、と考えたからであった。

また、養護教諭のなかには、低視力の子、姿勢（背骨）の異常な子、アレルギーの子、といった健康問題が出てくるなかで、そうした課題別のグループを組み、週一回ずつ「頑張り仲間」として集め、からだの学ばせあいを行ないながら課題を乗りこえさせようとする取り組みも出てきた。手の不器用や土踏まず形成の遅れが問題になると、「紐結びや豆つかみ」とか「足型とり」といった実験を行なったり、「虫歯がおこる抜歯による実験」「タバコの煙によるカイワレの発芽実験」なども出てきた。

さらに、保健指導の時間確保の意味から、毎月の体重測定の時間を確保してその後半の時間にさまざまなテーマの「からだのお話」を三〇分ぐらいする養護教諭も出てきた。「保健室から」という保健だよりも単なる便りや通信でなく、子どもの学校での心身にかかわる様子を紹介したり、養護教諭として何をし、子どもはどんな反応をしているか、親御さんにはどんなことを期待したいか、といったことが書かれている教育的なものになってきた。このように、さまざまな方法で保健室を「からだの教室」「からだの学力を育てる場」にしてきたのだった。

子どもたちは「教室」だけで学ぶのでない、育つのでない。学校のあらゆる場が学びの場であり育ちの場である。そうでなければならない。担任だけが先生でない。子どもたちはあらゆる先生、職員、大人から学び育っていくものである。「保健室」はからだを学ぶ場である。養護教諭はからだの先生である。日本では、実践によってそういう貴重な思想、発想をつくり、築いてきたのである。

教室で、保健室で、からだのことを学ぶのは、からだの物知り博士をつくるためではない。自分のからだ、仲間のからだをみつめ、からだと仲間にやさしくなれるためである。

からだが備えてくれた巧みさ、反応性を知り、からだと対話しながら、日々のすごし方を導いてくれるためである。

ヒトが人間になるために、ヒトのからだを知り、人間としてのからだ・生活・生き方を創造していく。

そんな主体を育てるからだの学習を追究したい。

（前掲『教育保健学への構図』）

（3）保健室で育てる「からだの学力」の考え方と、その発想からの実践

担任であれ、養護教諭であれ、子どもたちにからだのこと、健康のことを指導し、学ばせるのは、りっぱな学力形成の仕事であり、人間形成の仕事なのである。少なくとも、そういう自覚をもって取

り組まないかぎり、創造的な仕事、教育的な実践にはならないだろう。「保健の学力」「学校で育てる性の学力」「保健室で育てるからだの学力」といったいい方を意識的に使ってみることによって、教育的な仕事にしていくことが可能であり、どういう能力を、どのように育てるか、ということを明確にしていくことができるのではなかろうか。

保健室での個別指導というよりは、ちょっとしたケガでやってくる子どもへの対応にも、子どもを育てる視点を常に抱きながら取り組んでいた坂口せつ子さんの一連の実践から、私は多くのことを学んできた。

たとえば、「やけどした秋ちゃんと」という実践記録がある（『のびよ葦(上)』長野県教職員組合養護教員部、一九九〇）。「ゆうべ、家でやけどしちゃった。ひりひりするの」と四年生の秋ちゃんが朝早く保健室にやってきた。それに対する養護教諭、坂口先生の対応である。過熱したアイロンが左手にベタッとあたり、かなり広く熱傷があり、もう半分ぐらいが火ぶくれ状態になっている。家で起こしたやけどでもあり、一般的には簡単に感染予防の応急処置ですませ、今後十分注意するよう説教じみた話をして帰す場合が多いと思われる。しかし、坂口先生は、この機会を「子どもの力」に転化していくことはできないかと考えた。

前日の家庭での応急処置の様子を聞きながら、「今からでももっともっと水をかけたほうがいいね」といって、やけどの部分にタオルをまいて二時間近くも水をかけさせる。その間、ときどきみにいっては切り傷とやけどの違いの話（皮膚も血管も熱で焼かれてしまっているから、ばい菌がはいりやすいこと、再生まで時間がかかること、等）をし、そして感染予防をすることの大事さ（きれいなガーゼにかえること、入浴の注意、等）を話し、処置をして帰したのだった。そして、次の日から毎日ガーゼ交換をしながら、二人でやけどの部分が治癒していく変化を観察する。水泡の水分がだんだんなくなり、変色した表皮が真皮につき、火ぶくれがなくなっていっている。四、五日後には、新しく出てきた健康な肌の境い目からうっすら血がにじんできているのを秋ちゃんが発見、少々不安顔なのに対し、先生は「よかったね。新しい血管が生き返ってきたんだよ」と励ます。こうして完全に治っていくのだが、「赤ちゃんの肌よりきれい！」と二人で感動しあう体験をさせている。

こうした過程で秋ちゃんにどんな力が育っていっただろうか。坂口さんは、その実践記録の最後で「保健室をこんな場にしていきたいといつも思っています。いつも、どの子にも時間をかけて対応してやり、〝子どもにからだの痛み、苦痛をくぐりぬけながら、それを学習の機会に、子どもが自分のからだを認識する機会に〟と願っています。保健室は治療室ではありません。その要素を多分に持ちながらも、子どもがからだについて学び、自分だけでなく、友だちのからだや病気のこともわかる力をたくわえる場に、日々の子どもとのかかわり合いを通してつくっていきたいと思うのです」と述べている。

この実践のほか、この本には、たくさんの長野の仲間による「保健室はからだの教室」の実践が載せられている。早川維子さんは「あなたはなんにでもキューバンをすればいいと思っていませんか」という実践記録を載せている。ケガをすればなんでもキューバンすればいいと思って保健室にくる子どもたち、そしていつまでもつけている子どもたちに、血小板の働きを軸にして、からだを守り、治す力のあるこのすばらしいからだのことを実感的に学ばせたいと考えて取り組んだ、ちょっとした実践である。「ちょっとした」という意味は、かるいとか、大したことのない、というようなことではもちろんない。日常的によくある保健室での気づきを、それほど気張るのでなく、ちょっとしたイラスト風の傷と菌と血小板の関係図を資料にして、わかりやすく説明しているからである。

保健室には、さまざまな訴えをもって子どもたちが来室してくる。先の秋ちゃんのようにやけどの子もいれば、ケガでかるい出血をしていたり、傷をともなっている場合もあろう。強い捻挫や打撲、あるいは脱臼や骨折をともなっている場合もあろう。風邪気味で発熱を起こして来室した子ども、食べすぎで腹痛の子もいれば、便秘（何日も排便していない）や心の不安を抱えていることから腹痛を起こしている子もいよう。こうした多様な健康課題を背負った子どもたちに、処置をしてあげるだけではなく、どんなメッセージを送り、その機会にどんな力を育てられるのか。まずはそういう意識をもつことが大切であるし、そういう機会こそ子どもたちが自分を見つめなおし、自分のからだと対話しうる絶好のチャンスなのだとおさえることである。早川実践のように、ちょっとした工夫、ちょっとした姿勢なのである。

2. 養護教諭の「からだの学習」実践の広がりと教訓

(1)「からだの学習」はどのように広がってきたか

全養サの集会で「からだの学習」というかたちではじめて報告されたのは、第六回集会(神奈川、一九七六年)においてである。そこでの報告は、一つは先に紹介した宮城の千葉保夫さんで、養護教諭ではないが、宮城保健体育研究会で取り組んできた四〜五年間の小学校における一連の実践報告であった。「鼻と健康」「私たちの歯」「ウンコと健康」などの実践で、保健の授業というよりはからだを意識し、その事実とすばらしさを子どもとともに追究するというものであった。もう一つは、山形の葦の会のレポートであるが、これも宮城と山形で合同の学び合いサークルを始めていた初期の実践「目のしくみの授業」であった。子どもたちにお互いにしっかり目を観察させ、用紙にスケッチさせ、白目、茶目、黒目、血管、まぶた、まつげ、内まぶたのところに袋がある、などと子どもたちが気づいていく。教師が涙の穴を見つけさせたり、黒目が大きくなったり縮んだりする実験をさせ、黒目は孔であることを教えていく、などしている。まつげはひさしになったりゴミよけになっていることも含め、目のしくみと役割を感動的に学ばせているものである。宮城と山形ではこうした実践に対して、当初から「からだの学習」と呼んでいたが、養護教諭の間で呼ばれるようになっていったのは、こうした取り組みが少しずつ広がり、全養サの「10年のあゆみ」（一九八九年）に「からだの学習」として整理されたころからではなかろうか。

その後、第八回集会（和歌山、一九七八年）で東京の酒井繁子さんが「学級指導における保健指導のカリキュラムづくり」として、全校で取り組む保健指導の実践的模索をとおしてカリキュラムづくりに挑戦したものを報告した。養護教諭が核になり、一般教師と合意を図りながら健康教育を全校に広げていくさきがけの実践であった。この実践の特徴は、一つは子どもたちに骨折が大変多かったこと、そのことを養護教諭が教師たちにもちかけて教師たちの意見も聞くなかで、運動の不足、外遊びの少なさ、食生活のかたよりなど、いろいろ出され、保健指導の必要性とその具体化のためのカリキュラムづくりにつながっていったことである（子どもの事実をもとに養護教諭が組織し、共通理解を深めたこと）。そしてもう一つは、一年生の「一枚ぬいで外遊び（皮ふをきたえる）」の教材のように、歯、目、姿勢、皮膚、疲労、成長といった、からだの事実にかなり重点を置いた構成がなされていることであった（そのほかには、空気と健康、生活リズム、病気やケガ、安全など）。

その後の集会でも「健康認識を育てる」レポートのなかで、からだを教えることに焦点化した報告は多くなされている。比較的多いのは、歯、目、手、足（土踏まず）、背骨と姿勢、皮膚、脳、消化器（ウンコへの旅）、睡眠とからだ、などである。

一九八〇年代にはいって、そういう保健指導やからだの学習の場づくりとして養護教諭が工夫を始めたのが、体重測定時を活用した「からだのはなし」の実践である。毎月一回体重をはかる時間を確保し、その半分ぐらいの時間を使って保健室でクラスごとになんらかのからだのお話をするのである。こうした実践が注目されだしたのは、「保健室」創刊号（一九八五年）に実践記録として掲載された、大阪の養護教諭、庄司ひろみさんの「人間のからだってふしぎやねぇ」の取り組みだったのではなかろうか。彼女はここで一九八一年度から三年間の実践にもとづいて、この取り組みの意義や工夫すべきことがら（子どもをひきつけるための話題の工夫や教具の工夫など）、取り上げた教材、指導例、資料、等について紹介している。そのおもな教材は、歯、背骨、睡眠、ウンコ、目、骨、血、脳、食べもの、食品添加物、などの話である。

（2）養護教諭の「からだの学習」実践とその教訓～坂口実践に学ぶ

先に紹介した長野の坂口せつ子さんは、たまたま健康課題をもって保健室にやってきた子どもに対して個別的に好機ととらえて行なう「からだの学習」実践だけでなく、定例的に取り組む「保健室におけるからだの教室」実践を「体重測定時」を活用して発展させている（『保健室～子どもの声がきこえるとき』青木書店、一九九〇）。

たとえば、「いそがしくなるよ、心臓君」という一年生へのからだの学習の取り組みがある。これも坂口先生らしく、ほんとうに気張ったところのない、「からだ学習」になっている。

「体重測定がすむと、子どもたちは何の話があるのか、あちこちでおしゃべりをしながら私の話しのはじまるのを待っています。『さあ、今日は何の勉強をしようかな?』こんな問いかけをすると子どもたちは、おしゃべりをやめて集中してきます。『今日はね、からだの中から聞こえてくる音を聞いてみるよ。みんなのからだのなかからはいつも何かの音がしているんだよ。』……」こういうかたちで、心臓の学習に導入していく。

二人組にし、心臓にしっかり耳を当て、集中して音を聞き取らせる。子どもたちはどんな音がするのか興味津々である。お互いの生身のからだに触れ合っての確かめ合いも初めての体験であろう。子どもたちは口々に音の感じを報告している。そこで坂口先生は、「この音はなんの音なの?」と聞いていく。そして、ていねいに血液循環の話をする。頭にも手や足にも血がいっていること、からだをいっぱい動かすと血がたくさんいるのだということも話したうえで、体育館に連れて行き、「ためしてみよう」と走らせて心音を聞かせる取り組みをしている。「心臓君、いそがしくなるね」と確認したうえで、心臓君もがんばって動かすことで強くなるけど、ときどきは休めてあげないと疲れてしまう、というようなメッセージを送っている。そして、子どもたちからは自分の心音が聞きたいという要望が出て、校医さんに手紙を書かせ、聴診器を借りるようにする（事前に校医に手を打っておくのだが）。校医さんがみなの勉強のためならと貸してくれたことを告げ、さっそく聴診器で聞いてみさせる。そして、自分の生きている証である心臓の音を聞いた感動を、校医さんに手紙で伝えさせるというかたちで、また手紙を書かせるという活動をしている。

とりわけ大変な教材研究の準備をした、というような取り組みではない。気張ったところのない取り組みであるが、一年生の子どもたちにとってはからだというものに向き合い、興味を抱く貴重な体験、学習になったことであろう。これは担任教師でもできない取り組みではないが、やはり養護教論だから、保健室だから発想できた取り組みではないだろうか。校医さんに手紙を書かせることで、いっそうからだへの意識を高めさせているのは心憎いばかりである。こうした発想は、単純に養護教論だからなしえたというのではなく、教育的な発想をもった養護教論だからなしうる取り組みなのだと思うのである。

(3) 共生意識を育てる「からだの学習」実践の意義

一人の健康課題を抱える子どもの問題を、クラスの仲間がともに学ぶなかで、共生意識を育てていく養護教論と担任教師の連携実践は、これまで数多くなされてきている。そのいくつかを紹介しよう。坂口せつ子さんは、こうした「健康の連帯性」を育てることも大事にされ、実践されてきた。その代表的な実践を彼女の著作から紹介すると、次の二つがある。一つは、小児喘息の持病をもつ真君の問題を「呼吸器のはなし」という教材にし、クラスの力を借りて彼の立ち直りの援助を考えた取り組みである（『保健室からのメッセージ』銀河書房、一九八五）。もう一つは、小学六年生で脳梗塞をわずらった正君をクラスのみんなで支えていくように担任の先生との共同で、脳の学習に取り組んだ実践記録である（前掲『保健室〜子どもの声がきこえるとき』）

前者は、小児喘息で入院後、病院から通学を始めたが、その後不登校傾向になっていた真君をとりあげた実践である。養護教諭は本人自身が病気を抱えて弱気になっていることと同時にそれを受け入れるクラスの雰囲気にも問題があるのではないかと思い、本人自身のつらさとがんばりをまわりに理解させようと、学習を思い立った。

授業の構成は、①本人のつらさは、自分のからだの状態でみんなと同じようにやっていけない不安にあることへの共感、②呼吸器のしくみと喘息の機序、③クラスのほかの六人の喘息の子に状況を聞く、④喘息の子と健康な子の呼吸音の違い、⑤発作時の処置の仕方、⑥クラスの子が書いた作文を本人と両親に読んでもらう、というものであった。この取り組みは、本人自身の苦しみやつらさ、それを克服しようと努力している事実、喘息に対する科学的事実（なぜ喘息になるか、発作時の呼吸器、等）を中心に、事実をもとに考えさせ、共感させ、健康の連帯をはかっていっている。

後者は、小学六年生の正君が突然の脳梗塞状態に陥り入院するが、学校への復帰後も手足が多少不自由で給食なども遅くなることをクラスメイトが十分理解しえない不信状態にあることを担任と養護教諭が察知して、実践に取り組んだものである。事実をきちっと伝えることで、正君を支えることのできるクラスづくりをしたいと、「脳の学習」を仕組んでいった実践である。正君の母親は、最初は「脳の病気などとみなに公になると変に見られるから」と、その学習に否定的だった。しかし、「隠しておくより、仲間がそれを知って支える集団にしたい」との担任と養護教諭の熱意から同意を得て、実践に踏み込み、クラスメートの意識が大きくゆさぶられ、支援意識に変わっていった状況が報告されている。

両実践ともに、単なる病者を支える集団づくり、ということではなくて、本人自身の立ち直りの意識をも喚起している。それと同時に、クラスの子どもたちにとってもその子の事実から呼吸器や脳の学習、そしてそういう病気の可能性は誰にもあるということ、健康はみなで支え合い、守り合っていかなければならない、ということを学びとった意義は大きい。

坂口さんに学んだ長野の養護教諭、斎籐慶子さんも、同様のすぐれた実践をしている。重度のアトピー性皮膚炎に苦しむ真美子さんの問題に取り組む実践である。

真美子さんは、とりわけ手の荒れがひどく苦しんでいたが、斎藤先生はその悩みに寄り添いながら、食事療法を中心とした改善への個別指導を行なっている。手に細菌感染のおそれがあることから、担任の了解を得て雑巾がけの掃除を免除してもらっていたが、クラスメートから「真美子はいやな仕事はしないで、楽なことだけしている」と陰口が出ていることを知って悩んでいた。これは陰口をしかっても問題解決にならないと感じた養護教諭は、担任と相談して、アレルギーに関する学習をきちっとしなければ、と感じるようになる。担任が、真美子さんの努力（体質改善）と苦しさを彼女の書いた作文を読みながら紹介する一方、斎藤先生はアレルギーの教材研究をしつつ、アトピーとはどういうことか、治すためにはどういう努力が必要か、等について学習していった。この実践でも、子どもたちは多くのことを学び、本人自身はもちろん、まわりも多くの刺激を受け変わっていっている（前掲『のびよ葦（上）』）。

もう一つ紹介しよう。岡山の養護教諭、佐藤美代子さんの実践である。彼女もこの観点からの実践を、二つ公にしている。一つは「喘息と呼吸器」の実践である。喘息で休みがちなA君をなんとかがんばらせたいと考え、またまわりの子どもたちにはそういう子を支える集団になってもらいたいと、呼吸器のしくみの学習に取り組むことになった。

発作時の気管支収縮の苦しさを、クラスの全員に「ストローでの呼吸」を体験させ、本人の苦しさや大変さを共感させながら理解させていく学習を組織している。この実践も、支援者を組織するというよりは、むしろ彼の事実を学ぶことをとおしてまわりも健康の大事さを学んでいっているというところに特徴がある。

佐藤さんはまた、この実践に続いて、高度肥満の女子（四年生）を励まし、まわりのクラス仲間にも支援できる意識を育てたいと考え「心臓の勉強」を組織した（「保健室」No.32、一九九一／一）。

太っている子どもの問題は、最近ではプライバシーの観点からあたりさわりのない方向で処理しようとする傾向が強い。しかし、むしろそれを乗りこえて、本人自身の自立をうながすとともに、まわりもいのちや健康を守り合う意識の重要性に気づいていくのである。まわりの雰囲気や条件が、いじめ等の人権侵害をもたらす可能性のある状況のもとでは、何があってもプライバシーを守らなければならないが、そうでない場合は守勢にまわるのではなく、むしろ積極的にまわりの意識を育てることこそ、教育的な取り組みといえよう。

（4）「科学を教えるからだの学習」と「からだの主体に育つ」こと

坂口せつ子さんは、「私は、からだの科学を教えてきたことはありますが、自分にとってからだとは何なのかを意識して教えてはこなかったという実感をもっています。」と論じている（「保健室」No.39、一九九一／六）。養護教諭は「からだの認識を育てる」とよくいうが、それはからだの知識が豊かにあるということだけではないだろう、と自問しているのである。高学年の女子は「はだか検診はいや」と思っているのになかなかいえないでいる、ということがわかり、今までからだの学習をいろいろ行なってきたが「からだの主体」に育っていなかったのではないかと反省する。からだこそ（自分の）原点であり、生徒の立場からもその思いを表明できなければならないし、場合によっては専門家の意見も聞いて、そのうえで納得できるなら「はだかになることも必要な場合もある」という主体的判断のできる人間を育てていかなければならない、と主張されている。

また、坂口さんは県の養護教員部で行なったアンケート調査をみても、自分のからだを「きらい」と書いた子が非常に多いことを知り、心の不安定、未発達は、からだの自己肯定意識もはぐくんでいないことを感じとっている。からだを認識するということは、自分のからだを好きになり、大事にできること、そのために意見を表明し、行動し、まわりと連帯し、よりよい環境に変えていける、そういうからだの権利主体にむすびついていかねばならない、という主旨のことを表明されているのである。

からだの科学を教えること、健康認識が育つこと、そのことは人間として生きる価値と結びついており、生きる行動指針（自己決定・自己選択能力）に結びつくのであろう。身体観、健康観の形成に結びつく「からだの学習」が求められている。体重計になかなか乗りたがらない子とか、腕と手を下のほうで組んで身を小さく丸めた格好で申し訳なさそうに体重計に乗る子、などの話をよく耳にするが、「スリムなからだが価値ある」という風潮のなかで、やはり科学の目で健康なからだをつかませ、「なぜ太りすぎるのか」「なぜ無理なダイエットはだめなのか」その点に関する見る日を育てながら、個人的な努力意志とからだに対する自信を育てていく必要があろう。

どんな健康教育にとっても、健康に関する科学的な知識・認識をくぐらせることは、基本的に大事なことである。それ抜きの行動変容は、やはりしつけ主義のそしりをぬぐえないであろうし、あるべき心がまえの論しは徳育主義のそしりをぬぐえないであろう。同様に「健康を権利と考えられる子ども」という場合にも、科学的なからだや健康理解をぐらない場合は観念的な教条主義のそしりをぬぐえず、主張だけのものになってしまうだろう。課題解決への見通しと正当な実践力に結びつく「からだの主体」に育つためには、事実に対する見方、考え方が基本的に重要だということである。その意味で、からだの科学を学ぶことと、からだの主体に育つことをつなげた発想に立つことが重要であろう。

3. 養護教諭の保健の授業担当と学校健康教育活性化の課題

(1) 保健指導と保健学習の同質性、異質性

これまでは、養護教諭の健康に関する取り組みは保健指導であり、教科の保健学習は担任ないしは保健体育教師がするものとされてきた。「からだの学習」として体重測定時の時間をとって行なうのも、特活の時間（学級活動）に学級に出かけて行なうのも、学級ごとや特定の学年に初経指導や性の指導をするのも、一般に保健指導と考えられてきた。まれに、中学校では保健体育の教科保健（保健学習）を担当していたり、学級担任が行なう保健学習をTTで分担したりしてきた養護教諭もいるが、それ

は別として、授業の形式をとった指導でも、養護教諭が行なうものは保健指導として扱われてきた。それは、これまでは養護教諭は「授業＝教科学習は担当できない」とされてきたからであろう。今、学習指導要領の改訂とかかわって、養護教諭が「兼務発令を受けて」の条件づきではあるが教科保健も担当可能になった状況のもとで、もう一度、保健学習と保健指導の整理をしておく必要があるのではないだろうか。

これまで、両者の違いは教科の学習か教科外の学習か、ということが大きな区分であった。ところが、今回は「総合的学習の時間」がはいり、そこでの「健康」学習にも養護教諭が期待されているし、その内容に文化祭での取り組みや保健委員会に取り組ませてきたようなものも、すでに取り入れての試みが報告されている（『健康教室』二〇〇〇年七月増刊）。これまでの「からだの学習」などの取り組みも「総合」のなかで生かされていくだろう。こうしたときに、何が区別の論理になってくるのだろうか。ここで、両者の相対的な違いに関する私見を述べてみることにする。

保健の授業（保健学習）の原則は、基本的に一定の時間を確保して、一定の学習集団に対して、一定の内容に関する認識や技術を獲得させるために、組織的にしくまれた方法で取り組む活動だといえよう。それに対して、保健指導というのは、十分な時間の保証がない状況（短時間）のもとで、突発的に起きてくることが多い現実的な健康課題に対して、できるだけその行為を改善したり実行させたりするために、比較的即効的な方法で子どもに働きかけていく取り組みである、といえるだろう。

また、前者のねらいは、今だけではなくて将来も見込んでの健康に生きていく能力の形成をめざすのに対して、後者は今まさに当面している健康課題に対する対処的指導が中心的なねらいだといえよう。よって、重要なことは、教科とか教科外とかで区別するのではなく、また「学習」とか「指導」とかのどちらかの主体を強調する区別でもなく、しっかりした健康の認識をくぐらせることが中心的なねらいか、生活指導の範疇にはいる当面する健康課題に対処することが中心的なねらいか、の違いにあるのではないか、というのが私の考えである。

(2) 養護教諭が「保健の授業」を担当するということ

先述したように、これまで保健指導を中心にかかわってきた養護教諭が、教科保健(保健学習・保健の授業)も担当可能、ということになったわけであるが、「保健の授業」を担当するという場合に、そのことの特徴を明確に意識して臨む必要があろう。その場合、とりわけ心配なことは、保健室の仕事との兼ね合いの問題である。

保健室というのは、突発的に子どもたちが駆け込んでくるのに対応するということが多い仕事であり、保健の授業は計画的に仕組まれた仕事だということである。授業に出かけようとする直前に子どもたちが駆け込んできたり、授業準備のための教材研究をしようとしているときに子どもたちが保健室にきたために、ほとんど準備なしで授業に臨まなければならない、といったことが生じる可能性は十分である。こうした問題をクリアするための合意を、学内でしておかねばならない。こういったことを前提にして、保健の授業を担当する場合の、いくつかの課題を提起しておきたい。

まず一つは、保健授業のねらいを、従来の保健指導のように今その学校の子どもたちが抱えている個人衛生的な課題だけに限定しないことである。とりわけ習慣形成的な行動変容課題に限定しないことである。その子どもたちが上の学校に行ってから、または一〇年後二〇年後の大人になった場合も想定して、形成すべき課題や能力を考え、生きて働く知恵となるように学ばせる努力が必要である。また個人的な身のまわりの健康処方に限定せず、仲間とともに、社会的な諸条件や環境にも働きかけながら、健康を守り育てていける広さをもったねらいを意識すべきであるということである。つまり、ロングレンジで幅の広いねらいを意識するということは、基本的な考え方や観が身につくような学びをすることであり、自ら生涯にわたって学んでいける「学びの能力」を育てるということである。

第二は、教材研究を深める課題である。養護教諭は保健の専門家だといっても、教材研究なしでいい授業ができるはずはない、ということである。授業を楽しいものにする、子どもが乗ってくるものにする、といったことのためにする方法上の工夫も必要だが（最近は、とりわけ関心がそちらにいっている傾向がある）、基本的には価値ある教材（教師の幅広い、奥の深い知識や教養）の内実が子どもをゆさぶり変えていくのである。教材の背後にある健康に関する科学的知見は、多くの研究者によって日夜追究され、どんどん変更されていっている。そうした新しい情報に常にアンテナを張っている必要があるだろう。養護教諭自身が、新しい情報や知見を知る喜び、感動、感覚を大切にする教材研究を深めることである。保健指導（教科学習ではない）といえども授業のかたちで行なうなら、知ること・納得することの充実感、喜びを体験させるような扱いが盛り込まれる必要があろう。

第三は、授業観を深める課題である。先にも述べてきたことであるが、授業は教師と子どもとでつくっていくものである。互いの主体をかけて相互に響きあいながら創出していくものである。「展開のある授業」をつくっていくというい方には、重要な授業像が込められている。教師からの一方通行の指導でなく、教師と子ども、子どもと子ども、子どもと教材がダイナミックに作用しあい、議論が深まり、認識が共有され、課題解決への意欲が形成されていく、そんな質の授業像を描き、授業が追究される必要がある。

最後に、授業を「つくる」楽しさを実感できるものにすることである。授業を「させられる」とか「ただする」「している」ものにならないことである。それでなくても多忙な保健室業務を抱える養護教諭が授業を担当するというのは、保健室業務をこえてそのことが子どもたちの「健康に生きる力」を励ますことになると判断するからであろう。そして、そうした過程での子どもの変容が、自分にとっても喜びややりがいに感じられるからであろう。そういうものでなければ意味がない。

「ただする」「やらされる」授業になった場合は、教材研究もほとんどできないで、保健室の合い間に抜け出してちょこちょこっとやってしまう、というものに陥りがちである。まわりからも、そのていどのものと思われてしまう危険性がある。価値ある教材を選定し、意味ある問いを生み出す深い教材研究や「一種の心の発明」による指導上の工夫をつくり出す意欲的な過程があってこそ、その成果としての授業の喜びや楽しさが実感できるものである。養護教諭が、これまで下から（子どもの現実の立場から）、実践的に生み出してきた「からだの学習」の自主編成は、そういう質のものであったと思うのである。これからは、保健学習、総合的学習、特別活動枠と、多様に場が広がったなかで、いわゆる「保健の授業」に値する質の実践、自主編成づくりの第二ラウンドがはじまったと考えてよいのではなかろうか。

（3）養護教諭が軸となって広げていく健康教育の原則的あり方

青森の養護教諭、桑野三千代さんは、一〇年ほど養護教諭を勤めたあと、現職のまま弘前大学の大学院（担当教授、盛昭子氏）で勉強され、養護教諭が中心になって全校に健康教育を広げていった実践事例を集め、そこに共通する養護教諭の役割を整理・原則化した研究を報告している（「養護教諭が学校内の健康教育を活性化させる過程について」日本教育保健研究会、第八回宮城大会抄録集、二〇〇一／三）。

彼女は、六つの実践分析から、全校に健康教育を広げていく養護教諭の働きかけのプロセスとして、六段階にそれを整理している。

活動過程の第一段階は「子どもの健康実態から何かおかしいと感じる養護教諭の気づき」であるとしている。つまり、子どもの実態が出発にあり、こうした子どもの事実をなんとか教職員全体で改善したいという強いねがいになったときに、はじめて事態は動いていっているということである。

その気づきのもとに、問題の背景に対する養護教諭なりの仮説をもって、第二段階の「教職員との情報交換を行なう場づくり」にはいっている。保健室だけではとらえきれない子どもの実態や個々の教職員のその健康問題への気づきやとらえ方を引き出し、課題意識の顕在化と共有化をはかっているのである。

そうした情報交換を踏まえ、さらに仮説を広げ、ねがいを深めて、いよいよ実践に向けての、第三段階の「教職員の保健組織等での検討の場の設定」に至っている。各メンバーのとらえた実態や問題点、ねがい等を出しあうなか、課題解決に向けた方針を検討している。

その検討結果をもとに、第四段階の「職員会議への提案・討議」を行ない、全教職員の共通理解を図っている。

ついで、養護教諭のもつ専門的知識を提供したり、活動のなかに教職員の気づきや考え方を取り入れるなどして、第五段階の「子どもや教職員の主体的な活動の場の設定と展開」を行なっている。

その活動の成果について「保健だより」で流したり、活動の経過についての反省会などをとおして、第六段階の「活動の成果と課題の確認およびフィードバック」を行なっている。

すぐれた成功的な実践を分析すると、ほぼこの六段階に整理できるというのである。そしてこうした活動過程のなかの養護教諭の具体的働きかけとして、さらに細かく二〇項目を抽出し、どの段階に相当するかを検討しているが、とりわけ重要なものとして、第二段階での「気になる子どもの事例、健康問題を日常的に職員室で話題にする」や第三段階での「子どもの実態や問題に対する先生方の気づきや考え方を聞いていく」等の活動ではないか、と述べている。つまり、実践の出発は子どもの事実とその問題性への気づきと共有化だということである。この理念は「全養サ運動」の考え方とも一致するものである。彼女はこの六つの活動過程の段階に対応する、それぞれの活性化要因を次のように分析している。

第一段階…養護教諭としての専門的知識や子ども観、教育観等をきちっともっていること。

第二段階…教職員のねがいやニーズを顕在化し、共有化をはかること

第三段階…教職員のねがいやニーズを生かす方向で話しあうこと

第四段階…教育課程に位置づけ、実践化をはかりやすくすること。

第五段階…子どもの興味・関心、教職員の個性・アイディアを生かす内容や方法の活動にしていくこと。

第六段階…成果と課題を必ず共有化していくこと。

養護教諭を軸にした全校で取り組む健康教育のこれまでの実践分析の成果から、これから始まる「総

合的学習」での健康教育に、大きな示唆が含まれているのではなかろうか。ある意味では、こうした実践は、これまで全国的にも点としてしか存在していなかった。「総合的な学習の時間」の設定は、貴重な時間確保の条件ともなりうるし、全校的な健康教育を広げていきやすくなったともいえるだろう。

その意味でも、養護教諭が軸となった健康教育を課題に掲げたときには、①子どもの事実や将来的な健康課題を事実として提起し、共有課題の意識にのせること、②それを学習課題として提起し、子どもたちの興味・関心、教師たちのアイディアを生かす方向で内容や方法を検討すること、③実践を踏まえての子どもの変容等、成果と課題をみんなで共有化する取り組みにすること、これらの大事さを確認することができよう。

第6章

総合的学習における健康教育と性教育のあり方

1.「総合的学習」をどうおさえる必要があるか

現行から新学習指導要領の改訂にかけて「生きる力」「自己学習力」「総合的学習」「課題学習」「体験学習」等々、新たな装いをもって教育課程が打ち出されてきた。長らく民間の教育研究会にかかわって学んできた私などは、こうしたたぐいのことばは、もう二〇年以上も前から使われ聞いていたし、かなりの実践的追究の内実も踏まえたことばとして考えているので、「何をいまさら」という感もなくはない。これらの改訂理念は、私にはどうも不十分なものとしかみえないが、いかにも現代的課題で、子どもの問題状況にみあったものとして打ち出され、多くの教師が新しい追究であるかのように乗っかっているのを目の当たりにすると心配になってしまう面もある。だからといって、結論的に全面否定するつもりもないし、できるものでもない。ただ、その心配を確認し、どういう乗っかり方をすべきかは十分検討し、踏まえるべきではないかと思う。その点について、ここでまず触れておこう。

学ぶことが「生きる力」になる必要は当然のことであり、そういう主張や実践的追究は、民間の教育研究運動ではここ二十数年来追究してきたことである。今日の受験教育体制下の学びは、受験でいい点数を取るための学び（受験学力）になってしまっており、子どもの生きる力につながっていない、という批判にもとづいていた。子どもたちの心の問題が多様に広がってくるなか、「生きる力」の育成が掲げられ、「心の教育」をも意図した「総合的な学習の時間」の確保、課題学習、体験学習といった学びの方法がもち込まれたのである。受験体制のいかんともしがたい状況下において、学校教育の質を変えようというのは、大変むずかしいことである。大胆にいってしまえば、「総合的な学習の時間」は、「生きる力」用の学習、教科学習は「受験」用の学習、というような色分けが、とりわけ中学・高校段階ではされてしまうことになるだろう。しかも、時間を削られた教科学習では、いっそう余裕のない学びになるだろうし、受験産業に頼らざるをえない状況が進行するのではないだろうか。

また、「生きる力」を育てる「総合的学習」では、自ら学ぶ力や姿勢を養うために、課題を主体的に設定し、調べる課題学習や体験学習という学び方が大事であり、教師はあまり指導や教えるということをしてはだめだという考えになる。よって、「総合的学習」は生徒中心で教科学習は教師中心、という考えとなりやすい。前者は「生きる力」、後者は「学力」で、また前者は身のまわりから課題を、後者は教科書で、ということになる。学校教育の学びをそういうように二つに分断してしまっていいのか、かえって問題ではないか、という考えも出てくるだろう。教科学習での学びも基本的には「生きる力」に結びつくものでなければならないだろうし、総合学習を生かすにしても教科学習の性格やそれとの関係も明確にすべきだろう。

保健教育（保健学習と集団の保健指導）の分野では、私なども一九八〇年前後には「健康に生きる力」を育てるために、しっかり健康認識を育てる取り組みをしなければならないことを主張していた

（『教育としての学校保健』青木書店、一九八〇、「健康に生きる力を育てる保健指導のあり方を考える」「保健室」No.5、一九八六）。「総合的学習」などが出されるかなり以前に、保健学習や保健指導でも「生きる力」に結ぶような学びにしなければならないことを、主張してきていたのである。

近年養護教諭の保健授業担当が可能になったこともあり、これまで保健指導の時間捻出に苦労してきた養護教諭たちは、「総合的学習」が位置づいたことを「好機到来」と考え単純に歓迎するムードも広がっていると聞く。学校保健関係の雑誌やそれらを出版する会社では、そういう方向へのシフトを意図的に醸成しているムードもある。本質論抜きで、利害やムードで動いている感もなきにしもあらずである。

(1)「総合的学習」の歴史的あゆみと考え方

わが国の学校教育の歴史のなかで、「総合的学習」が主張され、追究されたのは今回で四回目である。

第一回目は一九二〇年代の大正自由教育の流れをくんだ「合科学習」といわれるものである。奈良教育大付属小（木下竹次）の実践から広がったものであるが、子どもたちを学校や教室だけに閉じ込めないで、もっと自然や社会から学ばせようと教科を合一化した合科学習を組み、生活経験・体験学習を重視するとか総合芸術を試みるなど、がなされた。

第二は、戦後間もないころのアメリカの教育理念の影響を受けた「新教育」時代の取り組みである

（一九四〇年代後半～一九五〇年代前半）。生活単元のコア・カリキュラムといわれた。まさに地域の生活を学校の内外で体験的・合科的に学習させる教育であり、卒業後は地域社会に適応して生きていける実用主義的理念にもとづいていた。一〇年近く続いたが、学力低下や科学的・系統的教育の必要性の観点から、「生活経験主義」「はいまわる経験主義」といった批判がなされ、下火になっていった。

　第三に、本格的な「総合学習」が下から（現場的・実践的に）追究されたのは、一九七〇年代である。そのきっかけは公害問題であった。公害という問題を学習するのに一つの教科だけでは本質的な学びにならない、というのが総合学習の発端であった。自然科学（理科）と社会科学（社会科）、保健科、家庭科といった教科にかかわるのであるが、それらを合科するというよりは、総合科というのをもうけて、公害や環境問題を扱うとか、戦争と平和、障害者と福祉、女性と人権、性の教育、等、人類の課題にかかわる問題、一つの教科におさまらない問題を扱い始めたのである。しかしながら、指導要領等での思いきった改革にならなかったため、先進的な大学や私立高校を中心に広がったが、公立学校や義務教育段階にはほとんど広がらなかった。

　そして第四に、今回の学習指導要領改訂にもとづく「総合的な学習の時間」の新設である。一九九〇年代の後半から移行的に始まるこの試みは、国家施策であるだけに大きな改革になるが、理念がもう一つ明確ではない。生徒中心の「課題解決学習」「体験学習」といった指導の方法が特徴であるかのように、広がっている。かつてのような「生活経験主義」批判に陥らない取り組みになる必要があろう。

(2)「総合的学習」のねらいはなにか

現代社会には、健康で、幸せに生きていくうえでの重大な課題がたくさん存在している。二十一世紀を生きる子どもたちに、こうした課題について考えさせ、意識させ、展望をもたせる教育的取り組みは、きわめて重要であろう。環境問題は身近な問題からグローバルな問題まで広がっているし、高齢社会における福祉問題も重大な二十一世紀の課題である。障害者のバリアフリー問題、戦争と平和をめぐる問題、いのち・健康・性をめぐる問題、国際理解や情報の教育、等々、一つの教科をこえた学習課題が多くなってきている。こういう状況のなかで、総合学習を設定することは基本的にうなずけることである。

大事なことは、そうした学習課題の重要性をきちっと認識することである。「総合的な学習」というようなかたちであいまいにしないで、明確に、一つの教科の枠や専門性をこえた追究課題を扱う科目としての「総合科」と位置づけるべきであろう。学習課題がどういう意味で総合たりうるのか、ということを大事にして、教職員集団で学習内容を討議し共通理解をはかりつつ取り組むべきであろう。けっして「子どもたちに調べさせ発表させる学習だから、総合的な学習の時間で扱う」というような方法主義に陥るべきではないだろう。

2．総合学習における健康教育と性教育のとらえ方

（1）子どもたちにどんな生きる力を育てるのか～教師たちの知恵の出しあい

健康教育や性教育の立場から総合学習を立ち上げる場合、それらの学習をとおして子どもたちにどういう生きる力を育てるのか、そのおさえ方が重要であろう。学習指導要領では「総合的学習」の内容づくりに関しては、「地域や学校、児童・生徒の実態に応じて」ということと「児童・生徒の興味・関心等にもとづく学習」ということだけをうたい、基本的には学校裁量にまかせている。教師たちにとっては、学習指導要領や教科書に拘束されない、ある意味では自らの創造性をもっとも発揮できる学習の時間ということができる。しかし、教えたいこと、子どもとともにこんなことを学習してみたい、というものをもっていない教師にとっては、かなり負担になる時間、ということになろう。だが、いずれにしてもやるということになっている今、もっとも大事なことは、教師たちが、生徒のニーズを組み込みながらも、どういう学習内容こそが総合学習にふさわしく、これからを生きていく子どもにとって学ばせたい課題なのか、ということをきちっとおさえるということであろう。学ばせたい課題をもたない教師にとっては、指導要領のように、「生徒の興味・関心」に引きずられ、個々の子ど

もなりグループなりにやりたいことを出させ、それぞれ調べさせて発表させて終わり、というようなことになりかねない。

戦後しばらくの時期の新教育が「生活経験主義」として批判され、すたれていったのは、生活課題、現実課題を取り上げようとしたことが問題だったのではなくて、課題を取り上げるというより経験をさせることそのものが自己目的化していたり、教材として取り上げたものも真の課題たりえなかった、というその課題性や質が問題だったのである。「はいまわる経験主義」との批判はそのことを物語っているし、子どもたちに現状の課題を乗りこえてさせていく「生きる力」そのものを育て得なかったのだということである。

今回も、場合によってはそういう可能性が大きいともいえる。よって、課題設定に際しては、子どもに寄りかかってしまうのではなく、子どもの実態や要望等にも十分な配慮と耳を傾けながらも、教師たちが何を学習課題にし、どういう教材を学ばせるかという主体的な判断が重要なのである。そして、子どもたちの主体的な学びを支え、深め方向性を与えていく役割を果たさなければならないのである。総合学習にしても、教師の主体的な役割と子どもたちの主体的な学びは相互に響きあい、共同して授業を創造する関係としてとらえられなければならないのである。

(2) 総合学習における健康教育のおさえ方

健康教育の課題の守備範囲を、いのち、からだ、心、疾病、健康生活、介護と医療、健康と環境、等と幅広くとらえることが必要である。本来、「総合的な学習の時間」で必ず「健康」の課題が取り上げられるなら、保健という教科（保健学習）ではまさに「からだ」を軸にした学習内容（第2章の3の（1）で扱ったような内容）に限定して扱い、「総合」では、系統的な学問的柱ではなく、まさに「現代的な健康課題」を軸にした問題解決学習的アプローチをすべきだと考える。しかし、どの学校でもどの学年でも健康の課題が総合的学習として扱われる保証がないなかでは、授業時数は少ないけれども教科保健との相対的違いをあるていど明確にすべきだし、養護教諭が実践的につくり出してきた「からだの学習」等の保健指導や文化祭で取り組んできた保健委員会の課題発表の実践等を総合学習に生かしていくことも一つの発想や工夫としては可能であろう。

こうした保健学習、保健指導、保健室でのからだの学習、等の健康教育もありながら、他方で「総合的な学習の時間」でも健康教育をという場合、きわめて複雑な扱いになる。よって、他の健康教育の学内での位置づけも勘案して柔軟に総合学習の扱いを検討していくべきであろう。ここではそうした点も踏まえつつ、「総合的な学習の時間」ではどのような内容を扱うことが可能か、という点について考えてみたい。

まず一つは「生活と健康」に関する課題である。これは教科保健（保健学習）のなかにもあるが、「総合的学習の時間」で扱う場合は、さらにその視点を現実的にも歴史的にも幅広くとらえ、健康の視点をこえて問題の本質に迫る学習にする必要があろう。

「食と健康」では、健康の観点からすると、食と栄養のバランス（過食の栄養と足りない栄養摂取の問題）、食のリズム（朝食抜きと夜食、おやつのとり方）、食文化（栄養を考えてつくるという文化性の問題、外食産業に依存している状況の問題）、食品汚染（添加物や農薬問題）、軟食文化、個食（孤食）文化、等々について考えさせる課題を取りあげる。さらに、健康の視点をこえて扱うなら、食の生産と自給率・輸入問題、流通問題、等の社会科教材、食材やつくって食べる家庭科教材まで含めた食の総合学習も構想できよう。

「眠りと健康」では、睡眠の発育・健康上の効果、つまり、疲労の回復、成長ホルモンの分泌による発育効果、睡眠による免疫の活性化、生体リズム（自律神経）の正常化、等に関する理解を基本にすえる。わずか一〇〇年前まで（電気の普及していなかった時代）は、太陽系のリズムに合わせた生活をし、生体リズムをつくっていたが、それが大きく崩れてきた現代人の生活を見つめなおす。年中無休のコンビニエンスストアの普及に代表される文明の進展と、生体リズムの崩れや自律神経失調人間の増加との関係、等を学習させる。

「運動と健康」では、運動による発達上、健康上の有効性に関する生理学的知見を学習させるべきであろう。骨や筋肉の発達や形成効果、呼吸・循環器の発達や健康上の効果、各種生活習慣病（動脈硬化、糖尿病等）の予防効果、脳への覚醒・刺激と老化防止、等について具体的に運動の効用を学ばせる。

二つには「現代社会と健康」に関する学習課題である。それには、次のような「高齢社会と介護・医療問題」「老化と高齢者理解」「障害者・高齢者とバリアフリー社会の実現」「ストレス社会の克服」「アレルギー疾患と身体の反乱」「若者と喫煙・飲酒・薬物乱用問題」「世界のエイズを考える」等々のテーマが考えられよう。

三つには、学校で許されるなら養護教諭が軸となり「からだの学習」を調べ学習を含めて展開するのもおもしろい試みになると思われる（第2章の3の（2）参照）。

（3）総合学習における性教育のおさえ方

性教育を全面的にカリキュラムを組んで教えようとする場合、なかなかその場がないというのが現在の学校の実態であろう。学習指導要領でも、性教育にはなかなか踏み込めないでいるのが実状である。保健学習でもごく部分的な扱いと位置づけであり、とても性教育といえるものではない。たとえば、現行では小学五年生の理科で「生命誕生」、保健で「二次性徴」が不十分ながらはいっている。今改訂では保健の内容（二次性徴）は四年生になった。そして五・六年生ではまったくないのである。

理科でも縮小の扱いになっている。中学保健でも「受精・妊娠」ははいったものの、中一段階での発育・発達の一部にすぎず、二・三年生での扱いはまったくない。こうした状況のなかで、性の学習を広く「いのちの教育」とか「生と性の教育」として位置づけ、総合学習の一つの柱に組み込むことは意味があろう。

小学校と中学校段階での性の学習の基本的なおさえ方を示すと、次のようなことになるのではなかろうか。

一つは、「いのちやからだの主体に育てる」ことである。受精・妊娠から母胎内での成長、出産という生命誕生の客観的学習を踏まえ、自分史（私のルーツ）にしっかり向きあわせたい。この調べ学習では、両親への取材を徹底させる。また、調べられればもう少し世代をさかのぼり、どういう家系をへて今の自分のいのちに引き継がれてきているか探らせてもよいだろう。こうした作業の場合、今日では離婚家庭等も多く、十分な配慮が必要であるが、両親との関係性の認識や自分のいのちがどのようにして今あるか、という原点を確認することによって、自己肯定観をはぐくむ貴重な機会にもなろう。

二つには、「性自認の感覚を育て、共生の意識をはぐくむ」ことである。思春期における男女のからだの生理的変化の事実を学ばせることが基本であるが、自性認識と異性認識をしっかり踏まえ、性自認・性の自己肯定意識を育てるとともに、異性に対してもしなやかに向きあえる感覚を育てたいものである。また、男女のセックスロール、とりわけ女性の受胎・出産・授乳といった役割とそれに対する認知およびそれに関係してのジェンダー意識を考えさせたい。母親と父親の立場や意識をどう見ているか、そして自分自身の「男（女）のくせに〜」とか「男（女）らしく〜」といわれた経験などから、どうあるべきかを考えさせ、話しあわせ、考え方を深めたい。

三つには、「自立的な性行動、性関係、自己決定能力の基礎を育てる」ことである。性の問題は、個人的に処理したり、解決したりする問題もあるが、思春期から青年期、そして大人への成長過程における性の問題は、基本的にパートナーとの関係性の問題であり、どういう付きあい方をするか、性行動における抑制と許容、避妊する・しない、中絶する・しない、産む・産まない、離婚する・しない等々のさまざまな判断が要求されるものである。お互いの人生にとってどういう選択が幸せにつながるのか、どういう判断がトラブルとなり不幸になるのか、そうした判断のできる基礎的能力をはぐくむべきであろう。

性感染症や、場合によってはエイズに感染する可能性さえ、現代社会には多くある。性の自己決定というのは、「他人に迷惑さえかけなければ自分の勝手」ということとは異なる。人間として生きるモラルとか価値とか人権といった観点から、それらはたえず問われなければならないことである。また、自己決定の能力というのは、事態のあとに生ずるであろうことを予知できる判断力も含んでのことである。そうした能力を、総合的に追究させたい。

学習のあり方としては、客観的な科学的事実で展開する場合は、教師主導になり、子どもが考え、意見をいい、展開する場面もあろうが、子どもたちが教師や大人にインタビューし、まとめて、発表することもあるだろう。インタビューの対象は、ときには養護教諭や保健婦、産婦人科の医者、助産婦や妊娠している誰かのお母さんであったりと、多様である。こうした生かせる人材を多様に組み入れ、それも教育作用の材料として活用していくことが重要であろう。

また、授業の際にはできるだけ父母の参加を呼びかけ、共同で学習を展開していくかたちにすると、親の子育てとパイプがつながっていくだろう。授業参観だけでなく、授業参加（出番をつくる）にしていくとか、インタビューの対象になってもらったり、いろいろな声を寄せてもらったりすることが、中身を豊かにすることになり、教師の支えや励ましにもなっていくだろう。

（4）総合学習の学習論〜課題学習と教師の役割

総合学習の総合の所以は、何度かいってきたように、一教科の枠をこえた課題に取り組むところにある。今まである教科で扱えるような内容であれば、あえて総合でなくてもいいわけである。いのちや健康、食、環境、医療、性、といった問題は、もともと総合的な課題性をもっており、一教科だとか、一人の教師（ある限定された専門性をもった教師）で扱うには、かなり困難なテーマともいえる。

また、先に触れたように、「からだの学習」という設定も、理科と保健のはざまにあるように、生物としての側面だけでなく、歴史的に形成されてきた「人間らしいからだ」の側面、そして現代社会という近代化した環境のなかで影響を受けている「現代人としてのからだ」の問題があるわけで、その意味で、これも総合学習で扱うに値する発想でもあろう。

また、小学生段階と高校・大学段階で扱う場合の総合の意味も、かなり異なるものである。

小学校段階での「総合的」という場合は、教科の学習もまだほとんど進展していない段階での総合であり、未分化で生活経験的な課題を取りあげることになるだろう。生命誕生に関する生物学的な客観的学習を深める前に「わたしの誕生」を取材や母親の手記などをもとに扱うようなことである。自分やまわりの人、飼っている動物などの大病、大ケガ、死、といった経験から「いのちや健康」を探っていく取り組みなども、これに該当しよう。この場合の未分化な課題は、その課題性そのものに触れさせ、気づかせ、関心や興味を引き出し、追究心をはぐくむことそのものが重要なのであって、何かの結論に導くことではない。

よって、小学校段階の「総合的学習」は、担任教師一人でも担当可能であろう。もちろん教師には幅広い教養や課題意識が求められるし、養護教諭や他の多様な人材の協力があるにこしたことがないのは当然である。それに対して、教科専門別に分かれる中学から高校に関しては、むしろ一定ていど学習してきた教科の専門性の知識を生かして、「総合」で問題にする課題性に迫り、統合的な認識、本質的な理解にアプローチしようとするところにあるといえる。よって、その場合は複数の教師（養護教諭も含めて）がかかわり、追究するということが必要な場合があるだろう。いずれにしても、未分化な段階における「総合」と、収束的に扱うべき（本質を見出すべき）課題性をもった「総合」があり、そこを区別して取り組むべきではないか。

出発する「総合的学習」（すでに船出しているようだが）がつまらないもの、意味のないものに終わらないためには、かつての「生活経験主義」の教育に陥らないことである。その失敗の大元は、児童中心主義ということで、教師の役割が見えなくなったことである。できるだけ手出しをしないということで、多少の場の設定やお膳立てをするていどで、内容にかかわって深めていくとか方向性を導いていくというようなことをしなかった、むしろしてはいけない、ということになってしまったのである。生活上の課題性を教育内容に引き出してくるということは、今日からみても必ずしも間違いではなかったといえる。それを単なる経験主義で終わらせるのでなく、課題性を掘り下げ、追究させ、課題解決的志向を育てることになったかどうかであるし、そういう力（生きる力といっていい）が養われるためには少なからず教師の指導的力量（それは必ずしも、上から何かを教えるというやり方ではない）が問われるのである。子どもたちが主体的に課題とかかわり、調べたり、追究して掘り下げていくためには、教師のかかわりや総合学習における教師の指導性がやはり発揮されなければならないのだということである。教科学習における一斉指導での「発問」等の教師の教授力量とは、また違うかもしれない。課題学習における課題性の吟味と追究の中身、その方向性に関するアドバイス、さらなる追究課題の提示、といったことである。

「課題の選定についてもできるだけ自分たちの主体性を大事にする」「追究の過程で学び方も学習していく」「まとめる力と発表する力を身につける」「討議する力やみんなで協力して成果をあげていく能力を育てる」、こういったことは、相対的に総合学習で特徴的な指導上の課題であるが、教科の学習でも基本的に生徒が学習の主体になることは大事にされなければならないことである。要は、教科学習は教師中心、総合学習は子ども中心などと区分けをしてしまわないことである。多少、学習方法は変わっても、双方の役割は相互に響きあい、高めあわなければならない関係なのである。

もう一つ総合学習の取り組みで大切だと思うことは、子どもたちが追究するに価する課題を、子どもたちとともに選定することであり、その課題があまり広すぎたり、あまり関連しない課題を多様に取り上げないことである。子どもたちがいくつかに分かれてグループ研究するにしても、それらが相互に関係しあい、つきあわせたり、グループ発表のときも他のグループの立場から意見が出せたり、関心を抱けたりするものでなければならない。そうでないと、自分たちの取り組みはあるていど、がんばったとしても、他のグループの取り組みには関心を示さず、発表にも興味がなく、意見もほとんど出ない、という学習の個別化の悪しき側面がもろに出てしまう結果になろう。総合学習といえども、最初の課題性の意義や興味関心の掘り起こしは、一斉指導において教師主導で一定のところまで深めなければならない。その意味でも、課題の総合性というか、まとまりが必要なのである。導入段階と収束段階に一定のまとまりと観点がもてるような設定が大事であろう。

3．総合学習への養護教諭のかかわり方

(1) 養護教諭の本務論と健康教育へのかかわり

先にも述べてきたことだが、養護教諭の健康教育へのかかわりが、にわかに広がってきた。これまで養護教諭が教壇に立つことにかなりかたくなに「だめ」といってきた上（行政）の姿勢が、急に「規制緩和」され、一定の条件のもとで教科の保健学習の担当が可能になっただけでなく、「総合的学習」に健康や福祉、環境、性などの内容が組み込まれると、その貴重な担当スタッフとして当然のように養護教諭に期待される雰囲気が広がっている。

こうした状況のなかで、養護教諭が保健室で子どもの心身にかかわる仕事と、教育課程にある健康教育にかかわっていく仕事を、本務論の立場からどのようにとらえるべきであろうか。この点について再度私見の整理をしておきたい。

この点に関して、私が全国的の養護教諭に状況を聞いたなかでは、かなり地域によるちがいがあり、

一定の方向で考えるのはむずかしいように思われる。兼務発令がかなりたくさん出ている地域と、ほとんど出ていない地域（ちなみに宮城県では平成十二年度で兼務発令は二〜三％ていど、将来の可能性で約二〇％となっている）、また養護教諭が「総合的学習」にかなりかかわっている地域とほとんどかかわっていない（健康関連の課題が取り上げられていない場合が多い）地域（ちなみに宮城県では平成十二年度で養護教諭が「総合的学習」にかかわっているとしたのは七〜八％ていどである）との差が大きくあるようである。健康教育に関心が深く重要だと思っている養護教諭と、保健室での応急処置や心の問題への対応が本務と考えている養護教諭の違いも大きい。

このように、養護教諭の仕事、本務というものをどこに置くかは、その養護教諭の考え方やそれを形成してきた養成機関の影響、それまで勤めてきた学校の影響、養護教諭仲間の影響などから、多様であろう。それはそれで仕方のないことであり、むしろそうした独自性があることが重要なことでもあると考えられなくもない。大事なことは、学校の実状、子どもの実態で何を重点に仕事をすることがもっとも必要で、望まれていることか、の判断であろう。学校の規模や生徒数、保健室の活用状況、子どもたちの心身の健康問題の特徴等を勘案し、養護教諭に期待されている多様な仕事のなかで、今どういう仕事に全力投球すべきか、健康教育にかかわるかどうかを判断することが大切である。上かららいわれてやるとか、やらされるというのでは、どこかにしわ寄せがくるであろう。保健室を一時的に空室にしてでもやることの意味があると判断した場合は、教職員全体でそのことを認め、救急体制の確認とあり方の合意をしておくべきであろう。保健室の仕事は必ずしも救急時の対処や個別的な保健指導だけではない。保健室から健康な子どもたちに対しても予防や増進のための働きかけをしていくことも必要であるし、そのことがあまりにも多い個別的な対処を減らすことになるかもしれないのである。そうした積極的な意味での健康教育へのかかわりをすべきであろう。

(2) 養護教諭の立場を生かした総合学習へのかかわり方

養護教諭が保健の授業（教科保健＝保健学習）や他の健康教育（「総合的学習」での健康学習、保健指導、からだの学習、また性教育も含めて）を行うことのメリットは、養護教諭は、その仕事の性格から、健康に関する情報を学内でもっとももちあわせている職員であるということである。その情報というのは、学内の生徒の心身の健康問題に関する事実をリアルに見つめ、働きかけ、意識の状況や問題を把握していることであり、他方では健康科学に関する知識や新たな知見についてである。その両方の情報把握の観点から、現実の子どもたちに、どんなことを学ばせ、どんな能力をつけ、どういう生き方をしていってもらいたいか、それはどんな指導・学習を仕組むことで可能か、ということをもっとも考えられる立場にいると考えられるからである。保健体育の教師はもちろん、生物や家庭科の教師、それから栄養士さん等、健康の総合学習にかかわれる人材はいろいろいるが、余裕さえあれば養護教諭がその中心的役割を担うにふさわしい立場にいることは事実であろう。

なんらかの教育作用をしたり、授業をしたりする人間には、子どもに対する「ねがい」というものがないと、熱意のあるふさわしい働きかけが生まれてこないものである。子どもたちに対するそうしたリアリティとねがいがあってはじめて、それを実現するための中身（内容と方法）に関する主体的な追究やあり方の模索が始まるからである。そういう意味においても、養護教諭という職種の人間は、もちろん個人差はあるだろうが、子どもの健康に対する熱い視線と期待を抱いている人が多いのではなかろうか。

これまでも、子どもたちに健康に対して考えさせたり、指導したりする経験はほとんどの養護教諭がもちあわせていることである。それは、特別活動における学級での保健指導や性の指導、体重測定時の時間を利用しての「からだの学習」、ビデオを活用しての放送での保健指導、保健委員会の子どもたちへの寸劇指導や文化祭への取り組み指導をとおしての多くの子どもたちへのアピール、あるいは日常的にある保健室での傷病来室時における個別の保健指導、等々である。これらの経験は、総合学習の企画・運営・指導のあり方、学習のさせ方、等の検討に、貴重な示唆やヒントを与えることになるであろう。

（3）子どもの実態からの発議〜岩辺実践「生と性の学習」に学ぶ

岩辺京子さんは、白校における「総合的学習」の実践を『生と性の学習』（農文協、二〇〇〇）としてまとめられた。この全校での取り組みの初期のころ、私も一度招かれて「小学校における性教育の課題」のようなことを話させていただいたことを覚えている。ちょうどそのころ「性の学力」というようなことを主張していた時期でもあり、性にもいろいろ学ぶことがあり、学ぶ内容のあるものはすべて「学力」の視点でとらえ返すことが大事だ、と主張していたのである。小学校で学ぶべき性の学力とは、何で、どこまでとらえさせる必要があるのか、そこを明確にしよう、というものであった。先生方はみな大変熱心で、校長先生はじめとてもまとまりのある職員集団のように見受けられた。そしてそこに、あまり目立つでもなく、先走るでもなく、しかし一歩後ろに控えるように見えながらも、全教職員に存在感のあるかたちで、きちっと位置づいているのが岩辺先生だったように思われた。

岩辺先生は、今の子どもたちの心身の実態とそれを取り巻く社会的状況について、的確におさえ、それに関する共通認識が得られるようにじょうずに働きかけられている。子どもの生活リズムや食生活などの状況、心やからだの問題の特徴、子どもたちの性を取り巻く文化状況と、そういうなかでの子どもの意識や行動上の問題等、自校での子どもの具体的な姿を職員に問題提起しながら、他の先生方の経験や子どもの姿に対する見方とのすりあわせをし、うまく子どもの見方、背景の見方で共通理解を図っていっている。そして、その合意を「自分たちは、こうした状況を、子どもたちがその成長過程において人間のからだのしくみや精巧さ、成長発達の仕方、いのちの成り立ちや尊さについて学ぶ機会がなかったこと、これらを大切にする気持ちや方法が育てられてこなかったことの現われでもある」と、反省的に見直すことで合意し、実践の必要意識をかきたて、方向づけている。そして、実践にTTでたっぷりかかわり、人間のからだがすばらしくうまくできていることを学んでいく体験を共通にすることで、教師たちを「次もやってみよう」という方向に導いているのである。

こうした実践の出発は、やはり今の子どもの事実であり、その問題性と背景、そしてどんな力をつけていかねばならないのか、という共通理解を図ることであろう。そうした意義が明確になって、はじめてこうした実践が自己運動していく可能性が生じるのである。

(4) 健康教育の発展とこれからの総合学習への考え方

今回の学習指導要領の改訂により、小学校の保健学習は三年生からの扱いになり、一〇年ほど前までは教科書もなかった小学校での扱いがかなり広がった。中学校や高校での保健学習、そして特別活動での保健指導もそのままである。それに、「総合的学習の時間」での「福祉・健康」、そして性教育の可能性、等々健康関連の学習の機会や場が大きく広がった。小学校では担任教師が保健や性の内容を扱う機会も増え、また養護教諭が教科としての保健学習を担当することが可能な制度改変もなされた。

このように健康教育の場や条件がカリキュラムとして広がってきているのであるが、このことを別面からみると、あまりにも多様化傾向にあり、焦点化しにくい状況が出てきているとも考えられる。

養護教諭の立場からしても、保健室の仕事も多様化し多忙化している状況のなかで、従来のようなゆったりした健康診断もしにくくなり、体重測定を兼ねた保健室での「からだの学習」をしていたころの状況とは変わってきているように思われる。こうした状況変化のなかで、どのように対応していけばいいのだろうか。

「総合的学習」が位置づいたことで、養護教諭にとって「好機到来」といった主張を雑誌等でよくみかけるが、今回の改訂を養護教諭という職種の個人的次元での反応にすべきではなかろう。学校全体の方針として、本来の総合学習を大事にし、そのなかで健康とか性の学習課題を重要なものとして位置づけ、教職員全員で努力しようということになり、そのなかに養護教諭も大事な存在として役割を果たすということなら、意義深いことであろう。学校全体で子どもたちの生きる力を育て、健全なる市民を育成し、二十一世紀という人類の課題に広い視野を向けられる、そういう子どもたちの育成をめざせるなら意義深いことであろう。

こういったことを学校全体でめざすなら、たとえ「総合的な学習の時間」に健康教育が位置づかなくとも、保健室で、特活で、そして保健学習で、しっかりとした健康教育の実践が可能であろう。もっというならば、今日の子どもたちの心身にみられる窮状をなんとか打開したいと、全校で学びの課題を考え、生きる力の育成をめざし日常的に努力している学校にとっては、あえてその形式に当てはめるような小手先の改変に汲々とすることはない。旧来の下からの「からだの学習」のような実践的取り組みを大事にし、その発想を押し広げていくべきであろう。そういう柔軟性が必要なのではなかろうか。

［略　歴］

数見隆生（かずみ　たかお）

1945年，和歌山市に生まれる。1969年，東京教育大学卒業。71年，同大学院（修了）をへて，72年より宮城教育大学。1991年より同大学教授，現在に至る。専攻は学校保健学，健康教育学。教育の視点から学校保健の仕事を追究する「教育保健学」の理論化をめざす。
おもな著書に『教育としての学校保健』1980（青木書店），『養護教諭の教育実践』1984，共著（青木書店），『保健の授業づくり入門』1987，共著（大修館書店），『保健学習のとびらⅠ・Ⅱ』1987，92，編著（日本書籍），『授業書的発想による保健指導の教材づくり』1988（ぎょうせい），『教育保健学への構図』1994（大修館書店），『健康教育大事典』2001，編著（旬報社），ほか。

生きる力をはぐくむ　保健の授業とからだの学習
健康教育・性教育・総合学習づくりの発想

2001年8月10日　第1刷発行
2011年9月10日　第5刷発行

著　者　数見隆生
企　画　全国養護教諭サークル協議会

発行所　社団法人　農山漁村文化協会
郵便番号　107-8668　東京都港区赤坂7丁目6-1
電話 03(3585)1141(営業)　03(3585)1147(編集)
FAX 03(3589)1387　　振替 00120-3-144478
URL　http://www.ruralnet.or.jp/

ISBN978-4-540-01124-5　　製作／㈱河源社
〈検印廃止〉　　印刷／㈱新協

製本／根本製本㈱
Printed in Japan　　定価はカバーに表示
乱丁・落丁本はお取り替えいたします。